Paul Jakob Bruns

Lehrbücher für die Jugend in Nordcarolina

Paul Jakob Bruns

Lehrbücher für die Jugend in Nordcarolina

ISBN/EAN: 9783744632201

Hergestellt in Europa, USA, Kanada, Australien, Japan

Cover: Foto ©Paul-Georg Meister /pixelio.de

Weitere Bücher finden Sie auf **www.hansebooks.com**

Lehrbücher

für die Jugend

in Nordcarolina,

entworfen

von

einer Gesellschaft

Helmstädtischer Professoren.

Zweyte Lieferung:

Biblisches Handbuch

und

Biblische Erzählungen.

Leipzig,

bey Siegfried Lebrecht Crusius.

1788.

Fortgesetzte Nachrichten

von

dem Unternehmen

einiger

Helmstädtischen Professoren

für Nordcarolina.

Am 12ten März 1788 ist mit Herzogl. höchster Genehmigung der bishe= rige Candidat, Hr. Carl August Gottlieb Storch, zum evangelischen Ge= hülfsprediger für Nordcarolina ordini= ret, * und mit der Landesväterlich huldreichsten Versicherung entlassen wor= den, daß seine unter unsern dortigen Glaubensbrüdern bewiesene Amtstreue ihm hiernächst in seinem Vaterlande zur Em= pfehlung auf eine seinen Fähigkeiten ange= messene Lehrstelle gereichen solle, wenn er nach Ablauf einiger Jahre aus guten Ursa= chen in dasselbe zurückkehren würde. Er ist aus Helmstädt gebürtig, und hat sich unter unsern Augen gebildet. Während der Jah=

a 2   re,

Die Ordinationsrede ist unter dem Titel: Rede und Gebet bey der Einsegnung Hrn. C. A. G. Storchs zum evangel. Gehülfspred. für Nord= carolina u. s. w. (1½ Bogen) abgedruckt, und in dem Verlage unsrer Lehrbücher zu haben.

re, die er als Hauslehrer im Zellischen und Diepholzischen zugebracht hat, blieb er uns durch die wiederholten Versicherungen derer, welche ihn täglich zu beobachten Gelegenheit hatten, seine Lehrgaben und seine Treue gegen uns rühmten, und ihn gern predigen hörten, in gutem Andenken. Wir haben ihn bey einer mit ihm angestellten strengen Prüfung vorzüglich tüchtig befunden. Die öffentlichen Proben im Predigen und Katechisiren, welche er hier vor seiner Ernennung abgelegt hat, sind zur allgemeinen Zufriedenheit ausgefallen. Man entbehrt ihn in der Familie, bey der er zuletzt als Jugendlehrer stand, ungern. Er kehrte von uns in diese freundschaftliche Familie zurück, um in der Nachbarschaft von Bremen die nahe Abfahrt des Schiffes abzuwarten, welches ihn nach Baltimore führen soll. Von der liebreichen Aufnahme seiner Person unter unsern Glaubensgenossen und Landsleuten in Amerika, besonders in Nordcarolina, wird und muß es nun einzig abhangen, auf welche Art wir ferner den kirchlichen Bedürfnißen der letztern werden abhelfen können. Unsre bisherige baare Einnahme, die menschenfreundlichen Beyträge und die Vorschüsse auf unsre sieben angekündigten Lehrbücher durch einander gerechnet, beläuft sich schon auf 1238 Rthl. 13 ggr. 8 pf.

Es

Es hatte beynahe ein ganzes Jahr hindurch nicht den Anschein, daß wir mit unserm eigentlichen Hauptzwecke, der Uebersendung tüchtiger Prediger, in so kurzer Zeit zum Ziele kommen würden. Hr. Past. Daser, an welchen wir bis zum April 1787 alles für Hrn. Past. Nüßmann bestimmte, der Anweisung desselben gemäß, gerichtet hatten, war seit August 1786 von Charlestown abgegangen, (wie wir aus seinem Antwortsschreiben vom 20sten Jun. 1787 ersehen,) und zu einer andern, aus Engländern und Deutschen gemischten Gemeinde in Orange County, 70 Meilen tiefer ins Land, gezogen, wo er die Gelegenheiten durchgehender Landwagen erst abwarten mußte, ehe Hr. Nüßmann unsre, auf mehrern Wegen und durch die liebreichen Vermittelungen unsrer Freunde in London, Amsterdam, Kopenhagen, Hamburg, Altona und Bremen an ihn übersandten Briefe, erhalten konnte. Ueberdem war die Versicherung des Hrn. Past. Dasers, selbst zwey Gemeinden in Südcarolina zu kennen, welche einen Prediger suchten, weder bestimmt noch beruhigend genug, um einem Manne, dessen Glück uns jetzt fast noch mehr, als unser eigenes, am Herzen liegen muß, eine Reise aufs Ungewisse anzumuthen, oder auch nur zu verstatten; da wir vielmehr den

Grund-

Grundsatz haben, unter keinen andern, als
solchen Umständen, jemanden zu senden, unter welchen ein jeder von uns, wenn es seine übrigen Verhältnisse erlaubten, im Vertrauen auf Gott und auf die gute Sache
getrost selbst diese Reise antreten würde,
hingegen alles beruflose Auswandern aus
dem Vaterlande und das Herumstreifen in
der Welt auf Abentheuer von ganzem Herzen verabscheuen. Unterdessen hatte zwar
auch Hr. Doct. und Prof. Kunze, Prediger in Newyork, ohne von unserm Unternehmen etwas zu wissen, mit demjenigen
unter uns, der bey dessen Berufung nach
Philadelphia ihn in London liebgewann,
die alte Freundschaft erneuert, und zwischen
dem Freunde, welcher den Brief überbrach-
te, und uns eine persönliche Bekanntschaft
veranlaßt: so daß wir nun schon mit Hrn.
Wilmerding, aus einem würdigen Hause
in Braunschweig gebürtig, in Newyork an-
säßig, welcher als Secretaire bey der unter
unsern dortigen Landsleuten errichteten
Hülfsgesellschaft der Deutschen uns wegen
aller ängstlichen Besorgnisse aufs völligste
beruhigte, mündlich einen festen Plan verabreden konnten. So bestärkten ferner mehrere sehr zuverlässige Freunde, welche in
Virginien, und zum Theil an den Grenzen
von Nordcarolina gewesen waren, unsern

Muth

Muth durch das einstimmige Lob der brü=
derlich christlichen Bereitwilligkeit unsrer
dortigen evangelischen Glaubensbrüder,
Predigern, die sich irgend ihres Vertrauens
würdig zeigen, es an nichts fehlen zu las=
sen. Alles dies brachte jedoch weiter keine
Wirkung bey uns hervor, als den Entschluß,
zuvörderst die Vollendung unsrer verspro=
chenen Lehrbücher, als der wahrscheinlich=
sten Hauptquelle einer nachdrücklichern Hül=
fe, zu beschleunigen; also erst uns unsrer
Schuld gegen unsre gutmüthigen Gläubiger
zu entledigen, ehe wir an das Weitere dach=
ten, wozu unser Bestreben allein ohnehin in
einer so großen Entfernung zu schwach
blieb, und wozu einzig die Vorsehung von
Amerika her uns einen gebahntern Weg
veranstalten konnte.

Aber die Vorsehung zeigte uns früher,
als wir es erwartet hatten, diesen gebahnten
Weg. Hr. Hartmann, aus dem Braun=
schweigischen gebürtig, in Virginien * an=
sässig, bot vor anderthalb Monathen auf
eine so edelmüthige Art unserm Unterneh=
men seinen Beystand an, daß wir mit ihm
die Veranstaltung eines kleinen Nebenfonds
a 4   in

* Ohnweit Rowlands Ferry, am Potomackflusse
  in Loudon County, auf der Nachbarschaft von
  Colonel Elepham; an der Heerstraße nach
  Newyork und beiden Carolinen.

in Baltimore verabreden konnten, wozu das aus den Lehrbüchern, deren Verkauf er auf unser Begehren ohne alle Nebenabsichten übernimmt, in dortiger Gegend aufkommende Geld zunächst bestimmt bleibt, damit in Nothfällen, wenn unser Wanderer in unvorhergesehene Verlegenheiten geriethe, ihm auf unsre Anweisungen daraus die Hülfe geleistet werden könne, zu der wir uns gegen ihn verpflichtet glauben. Diese glückliche Bekanntschaft, und das bald darauf zwischen beiden Reisegefährten entstandene persönliche Zutrauen unter einander, betrachteten wir als einen Wink der Vorsehung, jetzt die uns sich darbietenden Hauptbesorgungen eiligst zur Hand zu nehmen, wenn gleich die versprochene völlige Lieferung unsrer zwar großentheils schon entworfenen, aber nunmehr durch dringendere Arbeiten unterbrochenen Schriften, sich darüber unvermeidlich noch in etwas verspäten mußte.

An dieser Verspätung aber ist noch ein anderer, für uns äusserst schmerzhafter Vorfall Schuld, der uns bey jedem billig denkenden Leser aufs vollkommenste rechtfertigen wird. Unser geliebter Freund und Mitarbeiter, Hr. Prof. Klügel, der die Bearbeitung der Gemeinnützigsten Vernunftkenntnisse und einen Theil des Handbuches

ches bürgerlicher Kenntnisse übernommen hatte, ward mitten im besten Fortgange seiner schon ziemlich weit gediehenen Entwürfe durch einen Ruf nach Halle, wohin er nun auch vor etlichen Tagen wirklich abgegangen ist, plötzlich aufgehalten. Indessen können wir in seinem Namen versichern, daß, sobald die von einer solchen Veränderung unzertrennlichen ersten Unruhen überwunden sind, die Vollendung seines Antheiles an unsrer Sammlung nächst seinem Hauptberufe seine erste Sorge bleiben wird. Von dem einen der angekündigten Bücher, nemlich der Auswahl biblischer Erzählungen nebst einer kurzen Religionsgeschichte, hat der Verfasser für diesmal nur die erste Hälfte, nemlich die biblischen Erzählungen, liefern können, weil er vor Ausarbeitung der Religionsgeschichte zuvor seine ausführlichere Kirchengeschichte, wovon der erste Theil so eben fertig geworden ist, zu vollenden wünschte, auch um sich in Absicht des Maßes des kürzern populären Buches darnach richten zu können. Er hat aus guten Gründen zwey Schriften, die jede für sich besonders bestehen, daraus gemacht. Doch erhalten unsre Subscribenten, ohne etwas nachzuzahlen zu dürfen, beide um den geleisteten Pränumerationspreis, wie wir es angekündiget haben, als das vierte Lehr-

buch

buch in unsrer Sammlung. Mit dem Geo=
graphischen Handbuche, wovon alles, was
aus den besten Quellen, die der Verfasser
hat benützen können, gesammelt und größ=
tentheils ausgearbeitet ist, hat derselbe, auf
unsern Rath, um so weniger eilen wollen,
weil wir immer noch aus Charlestown ei=
nen oder den andern merkwürdigen oder
die in Büchern befindlichen Nachrichten ver=
bessernden Beytrag erwarten. Doch wird
diese Schrift um Johannis die Presse ver=
lassen haben, und nichts, als Krankheiten,
oder ähnliche in keines Menschen Gewalt ste=
hende Hindernisse, uns abhalten können, um
die nächste Michaelismesse unsre Sub=
scribenten völlig zu befriedigen.

Da die Religionsbücher für die dortigen
kirchlichen Bedürfnisse die unentbehrlichsten
waren, so glaubten wir deren Ausgabe
mehr, als die übrigen, beschleunigen zu müs=
sen; liefern deswegen jetzt: 1) das Biblische
Handbuch für selbstprüfende Leser, und
2) die Auswahl biblischer Erzählungen.

Folgende Namen sind in dem den Nach=
richten zu unsrer Ersten Lieferung einge=
rückten Verzeichnisse noch nachzutragen:

Beför=

Beförderer, Pränumeranten und Subscribenten.

Altona.
Der sel. Consistorialr. und Probst Alemann.

Braunschweig.
Hr. Candid. Jenner N. 1 = 3.   Hr. Past. Knittel N. 2. 3.   Se. Exc. der Hr. Geh. Rath von Münchhausen, 20 Rthl. zu Exemplaren vom Zweyten Katechismus für arme Kinder in Nordcarolina und in Helmstädt.

Bremervörde.
Ein Ungenannter 7 Rthl. 12 ggr. zu Exempl. vom Ersten Katechismus und vom Spruchregister.

Dannenberg.
Hr. Superint. Lueder.

Dessau.
Hrn. Pr. Basedows Fr. Schwiegermutter, schenkt 1 Rthl.

Esdorf im Mansfeldischen.
Hr. Amtsactuar. Wilhelmi.   Hr. Mag. Lehmann, u. noch 2 Ex. von N. 1. 2.

Frankfurt am Main.
Ein Ungenannter.

Glückstadt, durch Hrn. Consistorialr. Dr. Lange. Die verwittwete Fr. Kanzleyräthinn Beusen N. 1. 2. u. 7. Hr. Justizr. u. Oberlachwalter Böckmann. Hr. Land = u. Regierungsrath, Freyherr v. Brocktorff. Hr. Justizr. Bürgermeister u. Regierungsadvokat Brüning. Hr. Auscultant v. Buchwald. Hr. Kammerherr, Land= u. Regierungsrath v. Bülow. Hr. Regierungsadvokat Callisen. die verwittwete Fr. Kriegsräthinn Claussen. Hr. Conferenzrath. Land = u. Vicekanzler Eggers. Hr. Ober = Kriegscommissair Feldmann. die verwittwete Fr. Lieutenantin v. Frus. Hr. Regier. Advokat Jensen. Hr. Kammerherr, Land = u. Regierungsr. auch Probst des Klosters Uetersen. Graf v. Ranzau. Hr. Justizr. u. Regierungsadvokat Röttger, 2 Ex. Fr. Geh. Conferenzr. Baronesse v. Sölenthal schenkt zur Beförderung der Sache 1 Duc. Ungenannter schenkt 2 Rthl. 12 ggr. Ungenannter.

Hannover.
Hr. Amtm. v. Voigts zu Friedland. Hr. Amtm. Conradi zu Neuhausen. N. 1. Hr. Past. Dissen zu Großen Schneen. N. 1.   Großen

Großen Winnigstedt.
Hr. Past. Reiche.
Halberstadt.
Hr. Candidat Gerike. N. 1. 2.
Hamburg.
Hr. Past. Hinz in Hamm. N. 1. 2. 6. 7.
Hannover.
Hr. Abt Chappûzeau von Loccum, 10 Rthl.   Hr.
Candidat Jatho.
Helmstädt.
Hr Cand Dreyer N. 1. 2. Zur Prämie für zwey
Brüder auf dem Pädagog. 2 Ex.
Hornburg im Halberstädtschen.
Hr. Inspector Lenz.
Kiel.
Hr. Prof. Ehlers 3 Rthl.   Hr. Candidat Röpke.
Königslutter.
Ungenannter N. 1. 2.
Leipzig.
Hr. Mag Funcke, Past. in Liebertwolkwitz, N. 4. 5.
Hr. Prof. Keil, N. 4. 6.   Hr. Doct. u. Archidiac. Kühn=
öbl, 3 Rthl.   Hr. Prof. Palmer, N. 5. 6.   Hr. Mag.
Schwarze, Conrector in Görlitz, N. 5. 6.
Lübeck.
Hr. Bandelin, Lehrer am Gymnas.   Hr. Procurator
Overbeck.
Lüneburg.
Hr. Rector Niclas, 1 Duc.
Münden an der Werre, durch Hrn. Rect. Quentin
und Hrn. Opferm. Hinterthür:
Hr. Bade, Commiss. des Licents, N. 7.   Hr. Ballauf,
Kaufmann, N. 6.   Hr. Baurmeister, Kaufmann, N. 4.
6. 7.   Hr. Bergmann, K. B. L. Magaz Verwalter, N.
5.   Hr. Dürr, Garnisonspred. N. 6. 7.   Hr Eckhard,
Kaufmann, N. 5. 6. 7.   Hr. Eike, erster Bürgermeister,
N. 7.   Hr. Elberfeld, Kaufmann, N. 4. 6. 7.   Hr.
Franke, Kaufmann, N. 6.   Hr. Franke der jüng. Kauf=
mann, N. 7.   ein Freund schenkt 2 Rthl.   Hr. Hampe
schenkt 12 ggr.   Hr. Hesse, Schüler der 1sten Classe N.
6. 7.   Hr. Holzmüller, Kaufm. N. 4. 6. 7.   Hr. Hupeden,
Kaufm. N. 6. 7.   Hr. Kaufmann, Schulm. N. 1. 2.   Hr.
Klug=

Klugkist, reform. Pred. N. 6.   Hr. Köster, Kaufm. N. 6.
Hr. Köster, Kaufm. N. 6. 7.   Hr Lüdersen, Schüler der
1sten Classe, N. 6.   Hr. Menzzer, Postschreiber, N. 7.
Hr. Reichenbach, Stadt-Musicant, N. 7.   Hr. Richerz,
Pastor, N. 6.   Hr. Ritmeyer, Kaufmann, N. 7.   Hr.
Stuke, Schiffer, N. 7.   Hr. Völksen, Licent = Gegen=
schreiber, N. 7.   Hr. Superint. Weckenesel, N. 1. 2. 3.
4.   Hr. Wiese, Amtsschulze, N. 5.   Hr. Wüstenfeld,
Kaufmann, N. 6. 7.

Neuhaldensleben.   Hr. Inspector Hückel.

Rinteln.

Die S. E. Loge Wilhelm zum Nesselblatt.   Hr. Ma=
jor von Altenbockum, N. 5. 7.   Hr. Universitätsapothe=
ker Brockmann, N. 6. Ex. 2.   Hr. Amtsroth Caspari
zu Rotenburg.   Hr. Conrect. Crusius, u. noch 1 Ex. N.
6. 7.   Hr. Rath u. Advoc. Fise Eigenbrod, N. 5. 6. 7.
Hr. Platzmaj. v. Gerstein N. 4. 7.   Hr. Rath u. Bür=
germeister Gräbe.   Hr Prof. Hassencamp.   Hr. Regie=
rungsr. Heuser.   Hr. Fähndr. v. Landsberg zu Worms=
thal, N. 4. 7.   Hr. Regierungssecretaire Lotheisen, N.
2. 5.   Hr. Amtsr. Pastor zu Schaumburg. N. 2. 5.
Hr. Capitaine Piel, N. 4. 5.   Hr. Prof. Theol. Müll=
mann, N. 1. 2. 5. 6.   Hr. Doct. u. Prof. Schmelz,
N. 6. 7.   Hr. Kriegs= u. Domainenr. v. Schmerfeld,
N. 5. Ex. 2. u. N. 6. 7.   Hr. Regierungsprocurator
Dr. Wolf, N. 1. 2. 3. 4. 5.

Sommenstädt im Braunschweigischen.

Hr. Superint. Lenz.

Sesen.   Hr. Superint. Klügel.
Stockholm.

Hr. Rector Plagemann, 2 u. 1 halb. Duc. für 2 Ex.

Wernigerode.

Hr. Consistorialr. u. Superint. Schmidt.

Zerbst. Die S. E. Loge Friedrich zur Beständigkeit,
7 Rthl. wofür 2 Ex.

✳   ✳   ✳

Die in unsern Nachrichten zur Ersten Lieferung, S. 45
f. als bey uns vorräthig liegend aufgeführten geschenkten
Bücher sind sämmtlich (die von Hrn. Bohn geschenkten *
ausge=

* Diese Bücher sind vermuthlich das aus der Bohnischen
Buchhandlung an Hrn. Senior Dr. Gerling in Ham=
burg

ausgenommen,) mit dem oben beschriebenen Transporte im vorigen Monathe abgesandt worden. --- Imgleichen sind auch folgende seit unsrer ersten Lieferung eingegangene Schenkungen mit ebendemselben Transporte auf Baltimore abgesandt: (geschenkt v. Hrn. D. Miller in Götting.) Werenfels Predigten: Macks Predigten; Steinhöfels Religionsvorträge; Böhmers Pred. üb. d. christl. Barmherzigkeit; Trautvetters Katechisationen üb. d. 10 Gebote, m. Millers Vorr. Ueltzens Predigten; Millers Katechisirkunst, u Exempel zum Katechisiren; Göttingisches Universitätsgesangbuch. --- (gesch. v. Verf.) Seilers größ. bibl. Erbauungsb. N. T. Th. 3. Ex. 4. --- (v. Verf.) Knittels Kunst zu katechisiren, 2ter Aufl. 3 Ex. --- dasselbe (v. Hrn. L.) 1ster Aufl. 6 Ex. --- (v. Hrn. Geh. Justizr. v. Hinüber in London, dem ersten Gehülfspred geschenkt) *Guthrie's* Geographical, Historical et Commercial Grammar. --- (v. e Ungen. zum Geschenk für Hrn. Past. Nüßmann:) ein sehr vollständ. Atlaß v. Landcharten. --- (v. e. Ungen. dem ersten Gehülfspred. gesch.) des sel. Past. Henkens Predigten, 1ster B. *King* historia Symboli Apostolici, Augsburg Confess. deutsch; Libri Symbolici, ed. Rechenberg. --- (a. d. Geschenke eines Subscribenten, zum Verschenken an Arme in Nordcarol.) 150 Ex. des Ersten Katechismus, u. 36 Ex. vom Spruchregister. --- (aus unserm Fond gekauft:) Tissots Anleitung für das Landvolk in Absicht auf seine Gesundheit, und Langens Arzt für alle Menschen; von jedem 2 Ex. Gothaische gelehrte Zeitungen, 1774=1784. 11 Bände. --- (v. Hrn. Prof. Wiedeburg, dem Hrn. Past. Nüßmann gesch.) Frankfurter gel. Zeit. v. 1772=1775. Leipzische auserles. Bibliothek der neuesten Litteratur v. 1772 u. 76. B. 1. 2. u. 6. --- (aus unserm Fond, nach der bestimmtern u. ausdrücklich erklärten Absicht verschiedener Geber, zum Verschenken an Arme in Nordcarolina:) 25 gebundene, u 200 ungebundene Ex. unsers größern Katechismus. --- Noch gebühren den nordcarolinischen armen Kindern aus der Subscription, und liegen bey uns vorräthig: 72 gebundene Ex des Zweyten Katechismus. --- (v. e. Ungen.) Klopstocks Messiade, in 4. v. 1780. auf Schreibpap. --- Auch ist in Leipzig in Bereitschaft:

burg gesandte, bey Letzterm liegende große Packet, mit der Bezeichnung: C. E. B.

schaft: (gesch v. d. Verleger, Hrn. Crusius:) Weißens Kinderfreund. --- Imgleichen in Braunschweig veranstaltet: (durch Vermittel. Hrn. Past. Knittels von einer dortigen Gesellschaft dazu geschenkt 5 Rthl. 4 ggr. u. v. d. Verleger, Hrn Meyer, gesch. 12 Ex. das übrige aus unserm Fond bezahlt:) 50 Ex. N. Braunschw. Gesangb. zu einem Gesch. für die Gemeinde in Nordcarolina, welche Hrn. Storch liebreich und zu unsrer volligsten Beruhigung aufnimmt.

✳   ✳   ✳

In Hamburg bey Hrn. Senior Doct. Gerling liegt für einen neuen Transport Folgendes in Vorrath: (gesch. v. d. Verf.) Hrn. D. u. Prof. Eckermanns in Kiel Joel, metrisch übers.; Einladungsschrift zur Schulprüfung, Eutin 1780. Gedanken üb. d. Unzufriedenheit, Lübeck 1777. --- (v. Verf.) Hrn. Past. Wolfraths, in Altona, Aussichten in die unsichtbare Welt, 2 Ex. Predigten üb. d. Bestimmung d. Menschen, 2 Ex. Freuden der einsamen Andacht, 1. u. 2. B. --- (aus der Bohnschen Buchhandl.) ein großes Packet, gemerkt: C. E. B. --- (v Verf.) Hrn. Schloßpred. D. Lange in Glückstadt, 1. 2. u. 3te Samml. einiger Pred. Bibl. Grundsätze v. d. menschl. Glückseligk. 2 Ex v. d. 1sten, u. 2 Ex. v. d. 2ten Aufl --- (v. Verf.) Hrn. Past. Becker in Lübeck, ein Packet mit 200 Ex. von seinen Predigtentwürfen. --- (v. Hrn. Etatsr. von Schirach:) polit. Journal, v. d. J. 1785. 86. 2 Ex. --- (v. Hrn. Generalsuperint. D. Pratje in Stade:) ein versiegeltes Packet.

✤✤✤✤✤✤

Wir wiederholen unsre Bitte an vermögende Menschenfreunde, uns zu nordcarolinischen Kirchenbibliotheken besonders noch einige größere Werke aus der Naturgeschichte zu schenken, da deren Anschaffung, wenigstens bis jetzt, unsern Fond zu sehr erschöpfen würde, indem wir daraus theils die Kosten des Druckes, und was sonst vorfällt, nothwendig bestreiten, theils den Rest wirthschaftlich zu rathe halten müssen,

um

um erforderlichen Falles damit noch einen
bis zwey größere Transporte bezahlen zu kön=
nen. Wir thun aber diese wiederholte Bitte
jetzt um so viel freymüthiger und zuversicht=
licher, weil wir Ursache haben, von Hrn.
Storch zu erwarten, daß er sich in Erho=
lungsstunden, ohne seinen wichtigen Haupt=
beruf darüber hintanzusetzen, mit Beobach=
tungen dortiger Naturmerkwürdigkeiten, so=
fern es ihm nur nicht zu sehr an den dazu
erforderlichen Hülfsmitteln fehlt, zu seinem
Vergnügen beschäftigen, auch durch Mitthei=
lung seiner Bemerkungen, oder durch Ueber=
sendung seltener Naturprodukte aus je=
nem südwestlichern Welttheile, von Zeit
zu Zeit seinem Vaterlande wiederholte Be=
weise seiner Zurückerinnerung an dasselbe ge=
ben, und eben dadurch sich vor allen den Ver=
nachlässigungen desto gewisser sichern werde,
welche dem Lehrstande und den Predigern
in dortigen Gegenden in Ansehung des Zu=
trauens sowohl, als der Achtung * ihrer Ge=
meinden, so äußerst gefährlich sind. Helm=
städt, den 5ten April, 1788.

J. C. Velthusen.   H. P. C. Henke.
L. Crell.   P. J. Bruns.

* Man vergleiche unsre, aus Hrn. Doct. Kunzens in
Philadelphia gedrucktem Lebenswege (S. 167 = 170.)
ausgezogene Beschreibung des Religionszustandes unter
den Deutschen in Nordamerika, im Historischen Porte=
feuille, Jun. 1787. S. 23. ff.

Lehrbücher

für die Jugend

in Nordcarolina,

entworfen

von

einer Gesellschaft
Helmstädtischer Professoren.

Dritte Lieferung:

Religionsgeschichte

und

Geographisches Handbuch.

Leipzig,
bey Siegfried Lebrecht Crusius.
1788.

Zweyte Fortsetzung
der Nachrichten
von
dem Unternehmen
einiger
Helmstädtischen Professoren
für Nordcarolina.

Beförderer, Pränumeranten und Subscribenten.

Se. Durchl. der Herzog Ferdinand zu Braunschw. und Lüneb. 50 Rthlr.

Se. Durchl. der Herzog von Braunschw. Lüneb. Bevern. 10 Rthlr.

Die Hochgräfl. Stollbergische Herrschaft zu Wernigerode. 15 Rthlr.

Alterode im Mansfeldischen.

Herr Pastor Hagemann.

Braunschweig.

Se. Exc. der Hr. Geh. Rath von Feronce von Rotencrenß, zu einem Buche aus der Naturgeschichte, 10 Rthlr. Hr. Oberjägerm. von Sierstorf.

Bremen.

Madame Rolfs, (an Hrn. Past. Roschen,) 10 Rthlr. zu einem Buche aus der Naturgeschichte für eine Nordcarol. Predigerbibliothek. *)

Claus-

*) Unsern Freunden in Nordcarolina, besonders Hrn. Pastor Roschen, machen wir bey dieser Gelegenheit eine sehr nützliche botanische Schrift bekannt, die sie sich, weil sie in Philadelphia gedruckt ist, leicht dort selbst anschaffen können: Humphry *Marshall's Arbustrum Americanum:* The American Grove, or, an alphabetical Catalogue of forest trees and shrubs, natives of the American united States, arranged according to the Linnaean system, containing some *hints of their uses in medecine, dyes, and domestic oeconomy.* Philadelphia, by Crukshank, in Market-street. 1785. 8. (169 S.) Auch ersuchen wir bey dieser Gelegenheit Hrn. Doct. u. Profess. Kunze in Newyork, durch seine Verbindungen mit Philadelphia Geschenke von den daselbst gedruckten Büchern aus der Naturgeschichte, besonders aus der Botanik, (z. E. Catalogue of Plants, published by Iohn et Will. *Bartram,* Botanists in Kingsessing,) für die Nordcarolinischen Predigerbibliotheken gefälligst zu veranstal-

Clausthal.

Hr. Generalsuperint. Dahme 1 Rthlr. für N. 1. 2. und Zweyten Katechism.

Hannover.

Hr. K. v. d. B. noch 5 Rthlr.

Helmstädt.

Hr. Diephulzen aus Middelburg in Zeeland, d. G. G. B. N. 7. Hr. Engelhart, d. R. B. N. 7. Hr. Jacobi, d. G. G. Cand. aus Amsterdam. Hr. A. L. Mirau, d. G. G. B. Hr. J. H. Müller aus Amsterdam, d. G. G. B. N. 7.

Lübeck.

Hr. Bandelin, Lehrer am Gymnas. schenkt 1 Rthlr. 9 ggr.

Zu Exemplaren des Zweyten Katechismus für arme Kinder in Nordcarolina sind von einigen vertrautern Freunden des Verfassers geschenkt worden 10 Rthlr.

---

a 3

Von

anstalten. Sein Eifer für alles, was das Wohl der Menschheit betrifft, bürgt uns, daß Derselbe diese Bitte mit eben der Gesinnung aufnehmen und nach Vermögen erfüllen wird, die uns antreibt, bey der Schwierigkeit eines Newyorkischen Briefwechsels ihm unsern Wunsch auf diesem Wege vorzutragen. Eine gleiche Gefälligkeit erwarten wir von Hrn. Vaughan in Philadelphia, der uns vor einigen Jahren in Helmstädt durch seinen Besuch erfreute, wenn ihm zufälliger Weise diese historische Vorrede zu Gesichte kommen sollte,

Von den im J. 1773. in London zurück-
gebliebenen und in den Nachrichten
zur Ersten Lieferung S. 13. erwähn-
ten Ueberschußgeldern, worunter (einem
Schreiben des Bischofs von Hereford, Dr.
Butler, zufolge) 40 Pf. St., als die versprochene Beyhülfe der dortigen Gesellschaft
zur Fortpflanzung des Evangeliums, be-
findlich waren, sind 30 Guineen unmittelbar von dort aus nach Nordcarolina über-
macht worden, den Rest aber hat Hr. Geh.
Justizr. von Hinüber, dem Begehren der
Mühmannischen Gemeinde gemäß, in
Hannover mit 370 Rthlr. in Golde auf
meinen, des Abts Velthusen, Namen aus-
zahlen lassen, wofür gebundene Exemplare
von unsern Lehrbüchern verlangt werden.
Diese Summe ist unterdessen, abgesondert
von unserm Fond, in Hannover so lange
sicher belegt worden, bis wir von Hrn. Past.
Mußmann, nach vorher übersandten Proben, genauer unterrichtet sind, welche Schriften insonderheit sich wahrscheinlich dort am
geschwindesten wieder verkaufen lassen, weil
das Geld sodann, wie es seine ursprüngliche
Bestimmung erfordert, von der Evangelischen Dutch Buffloe Creeker Gemeinde
sicher belegt, und der davon aufkommende
Zinsen-

Zinsenbetrag zur Gehaltsvermehrung des
Pꝛidigers der besagten Gemeinde ange=
wandt werden soll.

In Charleston hat die dortige deutsche
Gemeinde, welche aus brüderlich vereinigten
Lutheranern, Reformirten und Katholiken
besteht, die ihren gemeinschaftlichen Predi=
ger, Hrn. Mag. Faber, im vorigen Jahre
aus Tübingen berufen haben, 20 Guineen
subscribirt, wofür wir gebundene Exemplare
von unsern Religionslehrbüchern zum Ge=
brauche bey dem dortigen Jugendunterrichte
(womit sich Hr. Mag. Faber selbst rühm=
lichst beschäftiget) übersenden sollen, auch
von den fertigen bereits (am 28sten Apr. d.
J. durch die gefällige Besorgung des Hrn.
Joh. Chr. Görz, Weinhändl. in Bremen)
Probebände übersandt haben. Dieses Geld
ist Hr. Mag. Faber ersucht worden, dort in
Verwahrung zu behalten, um damit auf un=
vorhergesehene Fälle einer Verlegenheit den
von uns auf Charleston gesandten oder noch
zu sendenden Predigern nach seinem Gutbe=
finden in unserm Namen zu Hülfe zu kom=
men. Wie wir denn schon von mehrern
edelgesinnten Landsleuten und Glaubens=
genossen dieses Orts, namentlich von Hrn.
Faber und Hrn. Gäbel, Beweise und Ver=

siche=

ſicherungen in Händen haben, daß ſie diejenigen Prediger für Nordcarolina, welche nicht etwa aufs Gerathewohl oder auf blindes Glück ſich zu einer ſo mißlichen Wanderſchaft entſchlieſſen, ſondern einem wirklichen Rufe folgen, brüderlich, liebreich und großmüthig aufnehmen, und ihnen nach Möglichkeit zu ihrer weitern Reiſe behülflich ſeyn werden.

Unſer erſter Prediger, Hr. Storch, deſſen letzter vaterländiſcher Brief vom 2ten May d. J. aus der Mündung der Weſer an Bord des Schiffes datirt war, iſt den 27ſten Jun. glücklich und geſund in Baltimore angekommen. — "Die Reiſe (ſind ſeine Worte in einem vom 17ten Jul. datirten und den 10ten Sept. in Bremen eingegangenen Schreiben an unſern dortigen Freund, Hrn. Dohmprediger Nicolai,) war überhaupt eine der angenehmſten und kürzeſten. Wir haben weder Sturm noch andere unangenehme Zufälle erlebt. Land, Menſchen, Lebensart gefallen ziemlich. In wenig Tagen werde ich von hier nach Charleston, und von dort zu Lande nach Nordcarolina gehen."

Unſer zweyter Prediger, Hr. Arnold Roſchen, iſt am 5ten Sept. von Bremen, ſeiner

seiner Vaterstadt, unmittelbar auf Charles=
ton, wo er Anverwandte hat, zu Schiffe
gegangen. Da er bey seinem großen Ver=
langen, einen solchen Beruf zu übernehmen,
die Reise auf eigene Kosten anzutreten erbö=
tig war, so hielt es unsre Gesellschaft für
billig, aus den von edelmüthigen Menschen=
freunden uns zu gewissenhafter Verwaltung
anvertrauten Geldern demselben ohne sein
Ansuchen in Einer Summe 100 Rthlr. zu
verwilligen, auch alle uns in Amerika ange=
botene Hülfe mit auf seine Person auszu=
dehnen. Denn ob es gleich sonst ganz wi=
der unsern Plan ist, zu den zwey bis drey
Transporten, auf welche sich unsre Verbind=
lichkeit zunächst hat einschränken sollen, an=
dere, als solche Männer zu ernennen, die
sich unter unsern eigenen Augen gebildet
haben, so zeigten sich doch nicht allein in
Hrn. Roschens Briefen Aeusserungen, wel=
che ihm Liebe und Zutrauen erwecken muß=
ten, sondern es empfahlen ihn auch zwey
Männer aufs nachdrücklichste, die beide sich
sehr um unser Unternehmen verdient gemacht
hatten, und deren Zeugniß bey dem Publi=
kum das größte Gewicht hat. Diese Män=
ner sind: der verdienstvolle Hr. General=
superint. D. Pratje in Stade, Vorsteher

der

der Kirchen in den Herzogthümern Bremen
und Verden, der ihn längst geprüft und
zum Predigtamte tüchtig befunden hatte;
und der beliebte Hr. Dohmpred. Nicolai
in Bremen; dessen Lehrstunden, so wie denen des sel. Walch und anderer berühmten
Lehrer in Göttingen, unser Roschen seine
Bildung verdankt. Königl. Consistorium in Stade hat daher auch auf unsre
Bitte Hrn. Roschen eben dieselbe Versicherung ertheilt, welche von unserm Gnädigsten
Fürsten unserm ersten Prediger huldreichst
gegeben war, ihm auf jeden Fall seine in
Nordcarolina zu beweisende Treue so anzu-
rechnen, als ob er die Jahre, welche ihm
dort verfliessen werden, im Dienste seines
Vaterlandes hingebracht hätte; und seine
Ordination, durch Hrn. Superint. Nie-
festhal mit Zuziehung der übrigen Herren
Dohmprediger in Bremen, geschah gleichfalls zufolge eines besondern Auftrages des
Königl. Consistoriums in Stade.

Einem dritten, jetzt in der Grafschaft
Bentheim sich aufhaltenden Candidaten des
Königl. Consistoriums in Hannover, der
hauptsächlich durch seinen warmen Eifer
fürs Katechisiren unsre Aufmerksamkeit
auf sich gezogen hat, ist unter gewissen zu
seiner

seiner eigenen Sicherheit nöthigen Bedin=
gungen, deren Erfüllung zu erwarten steht,
der nächste Anspruch auf die dritte Ge=
meinde und unsre möglichste Hülfe versichert
worden. Wir ersuchen aber unsre Freun=
de in Nordcarolina und Charleston, ei=
nen Bevollmächtigten in Bremen (oder
Hamburg) zu ernennen, der, sobald wir
künftig für einen Prediger und Bücher=
transport die Zahlung bis Charleston bey
ihm werden geleistet haben, sodann alle übri=
gen Besorgungen, Veranstaltungen und
Verantwortungen allein über sich nehme,
weil wir sonst nicht nur zu früh, wenigstens
zweckwidrig, unsern Fond, der schon un=
glaublich große Ausgaben gehabt hat, er=
schöpft, sondern auch, ohne eine solche
Veranstaltung von dorther, uns gezwungen
sähen, mit dem dritten Transporte, (wel=
cher uns eigentlich schon von unserm gelei=
steten Versprechen entbinden würde,) uns
gänzlich der fernern Mitwirkung zu entzie=
hen; anstatt daß vielleicht auf dem ange=
fangenen Wege, wenn man uns von dort=
her möglichst zu Hülfe kommt, noch man=
cherley Vortheile, sowohl in Ansehung des
Litteraturcommerzes, als der kirchlichen
Angelegenheiten, befördert werden könnten.

Unsre

Unfre bisherige baare Einnahme, die
uns, wenn unfern beiden bereits abgefand=
ten Predigern keine aufferordentliche Verle=
genheiten zuftoßen, vermuthlich in den Stand
feßen wird, mehr zu leiften, als wir verfpro=
chen hatten oder verfprechen konnten, be=
läuft fich auf 1409 Rthlr. 6 ggl. Wir
werden bey der vierten und leßten Lieferung
unfrer Lehrbücher, welche gegen Oftern
1789 erfcheinen foll, ebenfalls die Haupt=
fumme der Ausgaben und den Betrag
des Geldüberfchuffes, auch, fo viel mög=
lich, den Vorrath der dem Fond bleiben=
den Exemplare anzeigen, und über die
zweckmäßige Verwendung des hieraus der
deutfchen evangelifchen Kirche in Nordca=
rolina entftehenden Eigenthums dem Pu=
blikum alle beruhigende Verficherung er=
theilen.

In Anfehung der beiden bereits abgegan=
genen Prediger haben wir die beruhigend=
ften Verficherungen von zwey Gemein=
den. — Doch hierüber werden unfre Le=
fer am liebften den Mann felbft reden hö=
ren, dem feine zuverfichtliche Sprache fchon
in feinem erften Schreiben die Gemüther fo
vieler edeldenkenden Menfchenfreunde ge=
wann. Denn wir hatten am 9ten April d.

J.

J. das Vergnügen, einen zweyten Brief
aus Nordcarolina zu empfangen, datirt:
Buffloe Creek, Mecklenburg County,
vom 26ſten Sept. bis zum 2ten Oct. 1787.
woraus wir den vollſtändigen Auszug, wie
er ſchon im Hiſtor. Portefeuille (Jun.) ab=
gedruckt ſteht, den großmüthigen Beförde=
rern unſers Unternehmens um ſo weniger
vorenthalten dürfen, weil ſie daraus am
beſten erſehen können, mit welchem Herzen
ihre Menſchenliebe von unſern dortigen
Brüdern erkannt wird. — Hier ſind Müß=
manns eigene Worte:

Sobald ich die erfreulichen Nachrichten aus
Deutſchland erhielt, ſuchte ich dieſelben in den
deutſchen Gemeinden, ſo geſchwind es geſchehen
konnte, bekannt zu machen, welches aber doch lang=
ſam gieng, weil man aus Mangel aller Druckerey zu
den Leuten reiten und reden muß. Alle erfreuen
ſich höchlich über die Güte Gottes, der ſolche
Menſchenfreunde erwecket, die in den geiſtlichen
Nöthen der armen amerikaniſchen Kirche beyſte=
hen. Sie lobeten Gott laut und dankten, manch=
mal mit Thränen; und wir wenden bey allen un=
ſern Gottesdienſten von der erſten Zeit, daß uns
dieſe Wohlthat bekannt geworden iſt, die Rede
an das Volk und die darauf folgenden Gebete da=
zu an, Gott zu danken und zu bitten, daß die gu=

ten

ten Wohlthäter in ihren menschenfreundlichen Gesinnungen mögen gestärket, die edeldenkenden Prediger auf der See gesund erhalten werden, und die
so treffend für unsere Umstände eingerichteten Bücher den doppelten Effekt, wozu sie bestimmt sind,
richtig bewirken.

Inzwischen habe ich manche wichtige Ueberlegung anstellen und für vieles sorgen müssen. Viel=
leicht kommen die Prediger bald, oder sind schon
reisefertig. Folglich mußte das erste seyn, für
zwey oder drey Prediger Stellen in Nordcarolina genugsam zu sichern, und alles so einzurich-
ten, daß, sobald sie kommen, sie wissen, wohin,
und auch mit Wagen und Pferden abgeholet werden; auch ein ehrbares reinliches Haus zu be-
stellen, wo sie wohnen mögen. Und dieß ist auch
schon, so ferne es die Umstände erlaubten, Gott-
lob! ausgerichtet: so daß wir uns über ihre Ankunft, wann sie kommen, herzlich freuen können.
Sobald uns ihre Ankunft bekannt wird, soll alles in Bewegung seyn, ihnen zu helfen. Dieß
hat aber solche Reise in diesen weitläuftigen Gemeinden verursacht, daß es den größten Theil
der Zeit bis in den September hinein weggenom-
men hat. Die Herren Christoph Bernhard und
Gottfr. Arnd sind mir auch sehr behülflich darin gewesen, und sind es noch.

Der erste ist ein junger studirter Würtember-
ger von Fähigkeiten, ohngefähr 24 Jahre alt,
an

an dem ich alle Tage sehe, daß die evangelischen
Wahrheiten, welche er prediget, wirksam sind an
seinem jungen Herzen. Er prediget an der untern
Second Creek in der Peintkirche, und in noch
drey andern Kirchen. Sein Onkel ist Specialsu=
perintendent in Stuttgard, Hr. Mag. Bern=
hard. Der zweyte ist Ihnen bekannt,*) und pre=
diget den vier Catabaw = Gemeinden. Er wird
von den Leuten geliebt und geehrt.

Durch Hrn. Dasers Abzug aus Charleston
hat sich die auf den 23sten Trinitatis vorgehabte
Convention zerschlagen. Er hatte sich anheischig
gemacht, zur Vereinigung der evangelischen Ge=
meinden in diesen Freystaaten das Seinige mit
Ernst zu thun. In Südcarolina war eine Zusam=
menkunft der Gemeinden bestimmt, wohin ich mit
einigen Deputirten aus Nordcarolina kommen,
und dann erst nach Deutschland schreiben wollte.
Die durch die Convention verstärkte Bitte dachte
ich in Deutschland drucken zu lassen: Gott aber
hat mich wider meinen Willen früher hineingezo=
gen. So viel konnte ich indessen von der evange=
lischen Gemeinde in Charleston glauben, daß
sie, die so viele aufgeklärte Glieder hat, und schon
lange Jahre recht gute Ordnung beobachtet, bald
einen

*) Er ist nämlich der in Göttingen und Hannover
gebildete Katechet, welcher in Hrn. Nüß=
manns Gesellschaft die Reise antrat.

einen andern Prediger sich anschaffen, oder mit
Hrn. Daser sich wieder vereinigen würde.

Gerüchte sagten mir, die Gemeinde habe nach
Würtemberg um einen neuen Prediger geschrie-
ben. Nun war meine Hofnung, daß, wenn dieser
komme, die gute Sache der Vereinigung in ein
Corpus Evangelicorum vor sich gehen werde:
aber wann wird der kommen? So war dies nur
ein kleiner Trost. Zwar die Gemeinde hatte die
Briefe gelesen; denn Hr. Abrah. Markley,
Kaufmann, der sie offen von Hrn. Daser empfangen, hat sie in ein Couvert eingeschlossen an mich
übersandt.

Unterdessen kam den 11ten Sept. wieder ei-
niges Licht in meine Seele. — Hr. Bernhard,
der um meine Bekümmerniß wohl wußte, kam
zwölf Meilen hergeritten, und brachte die frohe
Nachricht, daß ein glaubwürdiger Fuhrmann gegen das Ende des Augusts einen neuen evangelischen Prediger für die Gemeinde in Charleston
gesehen habe. Einige glauben, er sey ein Wür-
temberger. Dem sey, wie ihm wolle: wenn er
nur Gelehrsamkeit, Rechtschaffenheit und Menschenliebe hat, so wird schon alles gut gehen. So
geht es oft. Bey Gottes Werken legen sich große,
dicke, schwere Steine in den Weg; und sobald man
gewiß ist, daß Menschenkraft sie nicht wälzen kann,
so verschwinden sie durch höhere Macht. Ich will
wenig-

wenigſtens mein Vertrauen auf ihn ſetzen. Er
wird ſich nicht entziehen, in dieſer Epoche der evan=
geliſchen Kirche in unſern Freyſtaaten aufzutre=
ten und eine hülfreiche Hand mit ans Werk zu le=
gen. — Bis zur Ankunft unſrer Brüder haben
wir drey eine große Fläche zu überreiten, und an
zwey und zwanzig Gemeinden zu beſorgen.

Noch etwas muß ich erinnern, damit mein
Ausdruck, ich ſey zum dritten Commiſſioner ei=
ner in Salisbury anzulegenden Akademie ange=
ſetzt worden, nicht gemisdeutet werde. Unter einer
Academy verſtehen wenigſtens hier die Engländer
nicht, was wir Deutſche. Es iſt der bloße An=
fang zu einem Schulweſen in einem rohen wilden
Lande, wo vor vierzig Jahren wenige oder keine
Einwohner waren, auſſer die Indianer. Einige
kleine engliſche grammatiſche Schulen, wenn ſie
hier ihre Jugend zuſammenbringen, mögte ein
mäßiges Gymnaſium ausmachen, welches, wenn
es durch kleine Unterſchulen und Subſcriptionen,
da kein Fond da iſt, befördert wird, heranwachſen
könnte. Dies nun zu befördern, ſind von der Aſ=
ſembly dreyſſig oder mehrere Truſtees oder Com=
miſſioners geſetzet, unter welchen drey Prediger
ſind, zwey Presbyterianer und ich. Unter den übri=
gen Truſtees ſind auch Deutſche. Neun Truſtees
oder Commiſſioners machen ein Board aus, das
durch die meiſten Stimmen entſcheidet. Bauko=

b

ſten

ften ſucht man durch Subſcriptionen auszuma=
chen, andere Koſten durch eine freywillige Socie=
ty oder Lotterie. Man ſieht, daß die ganze Sache
noch in ihrer Jugend iſt, und man weder von mir,
noch von der Akademie mehr denken müſſe, als
Wahrheit iſt. Das Vorhaben iſt gut. Gott ver=
leihe demſelben Fortgang, und daß wir Deutſche
nur Einen Lehrer wenigſtens dabey haben könnten.
Hoffnung haben wir dazu, aber noch nur eine
ſchwache, weil ein Salarium durch Subſcription
muß ausgemacht werden, wozu viele willig ſind.
Hr. Corkle, ein ſehr leutſeliger presbyterianiſcher
Prediger, der meiſt das Directorium führt, erſucht
Sie und die Akademie in Helmſtädt um ein gutes
Buch, das vom Schulweſen handelt. Es liegt viel
an der erſten Anlage, und wir haben keine gute
Bücher dazu.

An Beſoldung haben meine kommenden guten
Brüder nicht zu zweifeln. Auf gerichtlich verbin=
dende Verſprechen, wollten es die Umſtände nicht
erlauben noch zu bringen; aber das mündliche
Verſprechen durch Deputirte vor Zeugen iſt ſchon
verbindend für ſie. Sie werden auch, und haben
verſprochen, ſchriftlichen Beruf mit Anzeige des
Salarii ihnen ſelber zu geben, ſobald ſie kommen.
Sie werden nicht verlangen, von aufrichtigen Seel=
ſorgern los zu werden, da ſie ſchlechte und übel
lebende Prediger vier oder fünf Jahre behalten
unb

und befoldet haben. —— Wie hoch das Salarium ohngefähr kommen werde?

Die erste Gemeinde in **Guilford County**, in vier Kirchen, wird, denke ich, mit Accidenzien eher über, als unter 100 Pf. bringen. Dies deutsche Settlement liegt in kleiner Entfernung längst dem **Haw River**, ist fast 28 Meilen lang vom **Rocky River** rechter Hand, bis weit über **Great Alamance Creek** linker Hand, und in der Mitte an 18 Meilen breit, wo viele gute evangelische Leute wohnen, die in vier Kirchen keinen Prediger haben. Diese vier Gemeinden waren durch Deputirte versammelt, und thaten obige Versprechen. Und ich wünschte herzlich, daß sie einen Prediger hätten.

An der **Abbots Creek** ist das andere Settlement für den zweyten Prediger, ohngefähr 14 Meilen lang und 10 breit. Es hängt oben mit dem Herrnhuter Settlement, das sechs große Kirchen hat, zusammen. Die zahlreichen Evangelischen haben in drey Kirchen keinen Prediger. Auch diese waren durch Deputirte versammelt; und versprachen, einen Prediger zu holen und zu besolden, wie Hrn. **Bernhards** beygelegtes Schreiben weiset. Das Salarium trägt ohngefähr 80 Pf. Es hat aber Aussengemeinden, die das Salarium verstärken.

Ebenezer in Georgien, wenn es entblößt ist von Predigern, wäre eine für uns wichtige Stelle. Es

sind

ſind Briefe borthin, aber es iſt noch keine Antwort
zurück. Wenn Hr. Faber in Charleston auf das
den 3 1ſten Oct. beſtimmte Colloquium nach Cam-
den kommt, oder ſich nur in Briefwechſel einläßt,
ſo wird dies ſich bald aufklären.

Wenn meine Brüder nur bey mir wären!
Gott wird uns ſchon erhalten. Unſere Lebensart
hier iſt wohl etwas rauh, aber durch Uebung wird
ſie zur Natur. Die Wildniß hat ſich doch ſchon
viel gemildert die Zeit daß ich ſie kenne. Gott
erhalte Euch nur den Muth, meine Brüder! Sie
war viel rauher noch vor 14, 15 Jahren; und
faſt kein bekannter Menſch, und viele Feinde; viele, und Gott hat doch geholfen, der treue Gott. —
Wenn Sie über 14 Jahre in ihr Vaterland ſchrei-
ben, wer weiß, was Gutes Sie dann von dieſen
Wildniſſen werden ſagen können?

Hier ſind noch einige nöthige häusliche Bemerkungen. Wir tragen allerhand dunkle Farben,
grau, braun, blau. Weil wir immer zu Pferde
und auf Reiſen ſind, ſo dienen uns die zu feinen
nicht. Doch iſts gebräuchlich bey Haltung des h.
Abendmahls oder ſonſtigen Feyerlichkeiten ſchwarz
bekleidet zu ſeyn, wenn man die Kleider hat. Ein
guter Mantel, der den Regen nicht durchläßt, iſt
beſſer als ein Oberrock, und nöthig bey unſern
vielen Reiſen. Gute Leinwand iſt hier rar und
theuer; daher iſt es gut, wenn unſere kommenden
Brüder

Brüder sich damit versehen. Sie können die Hem=
der hier leichter sich machen lassen, als in Deutsch=
land, daher sie es unverschnitten mit sich bringen
können; aber von mittlerer Sorte, und nicht so
viel gar feines, denn wir müssen hier mehr auf
die Dauer als auf die Feinheit sehen. Stiefel,
stärkere im Winter, und leichtere im Sommer, die=
nen beym Reiten; und beym Gehen im Walde
schützen sie wider den Biß der Schlangen, welche doch
von der giftigen Art nicht häufig sind, sondern wie
die Settlemente an Bewohnern wachsen, so neh=
men sie in der Zahl ab. Leichte Stiefel im Som=
mer schützen auch die Beine vor Zecken, (Ticks,)
einem wohl unschädlichen, aber doch sehr lästigen Un=
geziefer, die klumpenweise wie Staub an den
Grashalmen hängen, und, sobald sie berührt wer=
den, bey hunderten an den Beinen kleben, und ein
beschwerliches Jucken am ganzen Leibe verursa=
chen: noch nie aber haben sie sich an meine Stie=
fel gehängt. Perücken brauchen wir nicht. Wir
tragen unsere natürlichen Haare, kurz, nach engli=
scher Weise abgeschnitten, ohne alle Künstelen
daran, ohne Locken, Puder u. d. gl. — Alles
dieses würde etwas ungewöhnliches unter uns
seyn. — Daheim tragen wir im Sommer dünne
Kleider. — Der Schlafrock ist hier unbekannt.
Dünne Beinkleider, die weit zugeschnitten bis auf
die Füße gehen, insgemein von Leinewand, das

mit

mit blauen Fäden durchwirkt ist. — Schwarze
seidene Halstücher sind sehr bequem. — Nur
das wünsche und bitte ich, daß Keiner hereinkom-
me, der in Deutschland geheirathet hat. Es
müßte Wunder seyn, wenn er nicht in tausend
Trübsale käme. Ein amerikanisches Weib ist in
unsern Umständen bey weitem angemessener.

Hrn. Bernhards beygelegtes Schreiben.
Guilford County den 31sten August 1787.

Das deutsche Settlement in Guilford County liegt ohngefähr 70 englische Meilen von Salisbury nördlich, und ist 28 Meilen lang und
18 Meilen breit; viele Hunderte von Haushaltungen wohnen hier dicht beysammen. Sie sind
nun schon viele Jahre von Predigern verlassen,
und ein Preis der herumvagirenden Schwärmer,
die sich hie und da unter Unwissenden schon ziem-
lichen Anhang gesammelt. Es sind vier evangelische Kirchen hier, die schon eine Reihe von Jahren öde und leer stehen, jedoch zuweilen von dem
unfruchtbaren Geschrey eines ungelehrten Fana-
tikers angefüllt werden, dem es etwas leichtes ist,
durch den Schall tobender Worte die Einbildungs-
kraft seiner Zuhörer für eine Weile zu beschäftigen, und den Beyfall eines unwissenden, abergläu-
bischen und schwärmerischen Volks zu gewinnen.

Es

Es ist hohe Zeit, daß diesen armen Gemein,
den, unter denen doch noch viele sind, die nach
dem Evangelio seufzen, geholfen werde, wenn nicht
ein gänzliches Heidenthum daraus entstehen soll.
Deswegen erachteten wir es für nöthig, diese Ge,
meinden zuerst zu besuchen, und ihnen das groß,
müthige Anerbieten kund zu thun, welches in uns
nach Durchlesung der Helmstädtischen Briefe so;
herzliche Freude erregt hat.

Wir veranlaßten demnach nach vollendetem
Gottesdienste, daß alle vier Gemeinden Deputirte
an einen bestimmten Platz schicken sollten, wo wir
uns alsdann berathschlagen würden.

Es wurde diesen Deputirten hierauf vorgetra,
gen, wie durch die Hülfe Gottes und durch wahre
Menschenliebe etlicher edeldenkenden Freunde der
christlichen Religion ihnen nun in Helmstädt zur
Beförderung des Christenthums ein Weg gebahnt
wäre. Der Hauptinhalt der gedruckten und ge,
schriebenen Nachrichten wurde ihnen vorgelesen. —
Die Freude, die bey diesen guten Leuten darüber
entstand, ist nicht zu beschreiben. — Thränen,
halbe Worte und Seufzer gaben die Bewegungen
ihrer Herzen zu erkennen.

Sie wurden hierauf gefragt, ob sie denn einen
dieser Prediger annehmen und ihm auch reichli,
chen Unterhalt verschaffen wollten? Sie versicher,
ten hierauf einmüthiglich, daß sie sich von nun an

mit

mit keinem jener schwärmerischen Irrgeister mehr einlaßen wollten, die sie bisher aus Mangel guter Prediger unter sich geduldet hätten. Sie versprachen, einen dieser Prediger, sobald sie von seiner Ankunft in Charleston benachrichtiget würden, abzuholen, und seine Bagage auf einem Wagen hieher zu bringen, auch alle dazu gehörige Unkosten auf sich zu nehmen, und sodann für seinen reichlichen Unterhalt zu sorgen.

Die Namen der Deputirten sind folgende: Erste Gemeinde: David Tranberger, Peter Schmid, Dewald Fuchs, Johannes Oberle. Zwente Gemeinde: Nikolaus Girs, Michael Schafner. Dritte Gemeinde: Adam Schmid, Adam Stähr, Georg Robel, Antony Robel, Davidlau der ältere, Davidlau der jüngere. Vierte Gemeinde: Bastian Göhringer, Peter Sommers, Antony Göbel, Ludwig Eifelen, Christian Eifelen, Johannes Wagner, Henrich Hardt, Henrich Kopp.

Sie verlangten von uns, daß wir in unsern Briefen nach Deutschland ihren wohlthätigen Brüdern und edelmüthigen Freunden in ihrem Namen herzlich danken sollten, und versicherten zu wiederholten mahlen, daß sie diese Wohlthaten nach den Absichten der Wohlthäter anwenden, und den für sie bestimmten Prediger als ihren Vater lieben, als ihren Lehrer verehren, und ihm

ihm nach Verhältniß ihrer Kräfte in allem
beystehen wollten.

Da nun diese Verhandlung mit allgemeiner
Zufriedenheit geendiget war, so stand ein siebzig»
jähriger Greis in der Versammlung auf, und
redete uns also an: "Ihr lieben Männer, da
wir uns nun gänzlich an Euch übergeben
und auf die baldige Ankunft der Prediger
mit Schmerzen warten, so dünkt es mich
keine unbillige Forderung zu seyn, wann
wir Euch bitten, in dieser Zwischenzeit uns
manchmahlen zu besuchen und das Wort
Gottes unter uns zu verkündigen." — —
Die ganze übrige Gesellschaft gab ihm Beyfall,
und vereinigte ihre Bitte mit der seinigen. So
groß die Entfernung, so beschwerlich eine solche
Reise, so überhäuft unsere Geschäfte in unsern
übrigen Gemeinden sind; so konnten wir doch
eine Bitte nicht versagen, die so viel Dringendes
in sich hatte. Wir versprachen also, in dieser Zwi»
schenzeit von jetzt bis zu der Ankunft der Prediger
sie wechselsweise zu besuchen. Und so verliessen
wir diese Gemeinden, und setzten unsere Reise wei»
ter fort nach den deutschen Gemeinden an der
Abbots Creek, den 2ten Sept. 1787.
Das deutsche Settlement, das diesen Namen
führt, liegt in Roan County, etwa 30 englische
Meilen von Salisbury nördlich, und ist ohnge»

b 5 fähr

fähr 14 Meilen lang und 10 Meilen breit. Es
sind drey evangelische Kirchen hier. Auch hier ist
das Christenthum seinem Untergange nahe, sofern
nicht schleunige Hülfe kommt. Im Allgemeinen
läßt sich von der Religion unter den hiesigen Deutschen eben das sagen, was kurz vorher von denen
in Guilford County ist gesagt worden. Mangel an guten Predigern veranlaßte diese Leute, die
sich doch nach dem Evangelio sehnten und das
Wort Gottes gerne hörten, daß sie ihre Zuflucht
zu solchen nahmen, die als irrende Ritter das Land
durchstreiften, und, nachdem sie wegen ihres üblen
Verhaltens bey ihrer Profeßion kein Brodt mehr
verdienen konnten, — Prediger wurden. —

Auch hier wurden Deputirte von den drey Gemeinden erwählt, und erschienen an einem von uns
bestimmten Orte, wo wir ihnen gleichfalls, wie in
Guilford County, das ihnen zu wissen nöthige
aus den gedruckten und geschriebenen Nachrichten
vorlasen, welches auch hier allgemeine Freude ver-
ursachte.

Auf die Frage, ob sie einen dieser Prediger
annehmen, und ihm auch reichlichen Unterhalt verschaffen wollten, antworteten sie einmüthiglich:
daß sie herzlich froh wären, wenn sie einen
rechtschaffenen evangelischen Lehrer unter
sich wohnhaft bekommen könnten; daß sie
ihre möglichsten Kräfte anwenden würden,
für

für seinen Unterhalt Sorge zu tragen; daß
sie auch einen Wagen in Bereitschaft halten woll=
ten, einen dieser Prediger, sobald ihnen seine An=
kunft berichtet werde, von Charleston abzuholen.

Die Namen der Deputirten von den drey
Gemeinden sind folgende:

Erste Gemeinde: Philipp Fuchs. Zweyte
Gemeinde: Christian Mayer, Valentin
Dag, Johannes Lapp, Col. Georg Sprecher,
Heinrich Dörr. Dritte Gemeinde. Wil=
helm Fränk, Leonhard Kern, Johann Beck
der ältere.

Wir finden es nöthig, zur Verhütung von
mancherley Misdeutungen hier ausdrücklich
zu erklären, daß wir nie Willens gewesen sind,
unstudirte Schulmeister zu übersenden, deren
Transport eben so hoch zu stehen kommen
würde, und die sich jeder gelehrte Prediger,
wenn wir ihn und die bey den Pfarren an=
zulegenden Bibliotheken möglichst mit Bü=
chern versehen, viel zweckmäßiger im Lande
selbst zuziehen kann. Auch würde es uns in
unendlichen Briefwechsel und unbeschreibli=
che Kosten verwickeln, wenn wir auf ent=
fernte und uns persönlich unbekannte Per=
sonen, die im Ganzen doch immer noch ge=
ringe Hülfe welche in unsrer Gewalt ist, aus=

dehnen

dehnen wollten, so lange wir unter solchen,
die sich unter unsern Augen gebildet, deren
Charakter, Geschicklichkeit, Anlagen, Fami=
lienverhältnisse und Gesundheitszustand wir
genauer und seit längerer Zeit beobachtet und
geprüfet haben, mit welchen wir überdem we=
gen vielerley wesentlicher Punkte mündlich
nähere Abreden nehmen können, die Wahl
behalten. Wie geneigt wir übrigens sind,
auf Empfehlungen solcher Männer, deren
Namen beym Publikum ein Gewicht haben,
die unparteylichste Rücksicht zu nehmen, be=
weist unser bisheriges Verhalten, indem von
den drey bereits ernannten Predigern nur
ein einziger unser eigener Zögling war. Be=
sonders finden wir in den Aeusserungen man=
cher Auswärtigen, die sich, nicht ohne Ver=
mehrung unsrer Mühe und Kosten, an uns
gewandt haben, allerhand irrige Erwartun=
gen, wozu in den durch uns ins Publikum
gebrachten Nachrichten kein Grund lag.
Man erträumt sich jenseits des Weltmeeres
eine Unabhängigkeit und Freyheit, oder doch
sorgenlose Tage, die, wenn sie je das Loos
der Sterblichkeit werden könnten, den sicht=
barsten Plan der Vorsehung, uns Menschen
sämtlich von einander abhängig zu machen
und durch das Gefühl unsrer Bedürfnisse
uns

uns auf Gott hin zu leiten, stören würden.
Die wahrscheinlichste Aussicht, welche wir
unsern Wanderern versprechen, ist — eine
Lage, in der sie es sich unendlich saurer müs=
sen werden lassen, als im Vaterlande, und
sich noch unendlich mehr nach den Mei=
nungen der anders Denkenden müssen be=
quemen lernen, als in Deutschland. Fol=
gende Stelle aus dem Privatschreiben eines
würdigen evangelischen deutschen Predigers
in Amerika ist uns von sicherer Hand mitge=
theilt worden: "Es kommt ungemein viel
auf den größern oder geringern Grad der
Empfindlichkeit eines jeden Predigers selbst
an. Wer sich ungünstige oder einfältige Ur=
theile über sich mit Bekümmerniß zu Herzen
zieht, der komme nicht nach Amerika: und
wer nicht so viel Seelenstärke hat, auch un=
angenehme Verrichtungen die ihm vorkom=
men sich gefallen zu lassen, der bleibe gleich=
falls von hier entfernt. Ueberall giebt es
Beschwerlichkeiten: weise aber ist der, wel=
cher dieselben nicht durch Ungeduld vergrös=
sert. Ich habe mich indessen immer glück=
lich dabey befunden, wenn ich die Lasten, die
mir auferlegt wurden, gelassen ertrug, selten
und wenig darüber klagte, und meine Pflicht
dabey erfüllte. In der That! die wirklichen
Annehm=

Annehmlichkeiten meines Zuſtandes würden
von mir nicht ſo völlig und lebhaft empfun=
den werden, wenn nicht hie und da Wider=
wärtigkeiten mir den Mangel fühlbar, und
den ungeſtörten Genuß ſchätzbarer gemacht
hätten. Wer übrigens einen wahren Eifer
für die Religion und eine edle Denkungsart
zeigt, der findet auch in dieſem Lande Freun=
de und Unterſtützung.” —— Wer dage=
gen (mögten wir hinzufügen) über Misge=
ſchick, Neid, Verkennung des Verdienſtes,
Abhängigkeit von Conſiſtorien und Lehrnor=
men, Einſchränkungen der Denkfreyheit,
Ungerechtigkeiten der Obergerichte im Va=
terlande, klagt; deſſen Mismüthigkeit findet
gewiß in einem fremden Welttheile mehr
Stoff und Nahrung wieder, als er glaubt:
und wer nicht glücklich werden will unter
Bekannten, der ſteht in Gefahr, ſehr un=
glücklich zu werden unter Unbekannten.

So eben läuft Hrn. Paſt. Storchs
Brief aus Baltimore vom 6ſten Jul.
bey uns ein. Auſſer der Beſtätigung
deſſen, was wir unſern Leſern bereits ge=
meldet haben, rühmt unſer Wanderer die
große Liebe und Freundſchaft, womit ihn
gleich nach ſeiner Landung ein junger deut=
ſcher

ſcher aus dem Halberſtädtiſchen gebürtiger
Arzt in Baltimore, Hr. Doct. Hinze, im
Wirthshauſe aufgeſucht, ihn in ſein Haus
und an ſeinen Tiſch ſo lange, bis das Schiff
nach Charleston abgienge, aufgenommen,
und zugleich durch freye Arzeney ihm eine
ſehr weſentliche Hülfe verſchafft hat.

* * *

An Büchern zu Predigerbibliotheken ſind ſeit dem Ab-
drucke unſrer Nachrichten zur Zweyten Lieferung — abgeſandt, mit den Exemplaren der Zweyten Lieferung an Hrn.
Paſt. Storch: (aus unſerm Fond bezahlt:) Reſewitz Er-
ziehung des Bürgers. — (v. Ungen.) Niſts Anweiſ. für
Schulmeiſter niedrer Schulen. Wiedeburgs Grundſätze,
Plan, Diſciplin und Lehrmethode für das Herzogl. Päda-
gogiſche Inſtitut in Helmſt. — Das bey der 2ten Lief. er-
wähnte Ex. der Meſſiade. — Für Hrn. Paſt. Nußmann,
(geſch. v. Ungen.) Dapps Predigtbuch für chriſtl. Landleute.
Henkens Kirchengeſch. Th. 1. — Für Hrn. Paſt. Storch,
(v. Ungen.) ſel. Paſt. Henkens Predigten, 2ter B. — Die
bey der 2ten Lief. aufgeführten 72 Ex. des Zweyten Katechismus für arme Kinder. — Ferner (aus dem Fond) 100
Ex. vom Zweyten Katechismus zum Geſchenke für die Storchiſche Gemeinde. — Seit dem 9ten Jun. d. J. nach Bremen, theils an Hrn. Dohmpred. Nicolai, theils an Hrn.
Paſt. Roſchen geſandt: — Zur Predigerbibliothek, (geſch.
v. d. Verf.) *Griesbach.* N. T. graec. Ebendeſſ. Populäre
Dogmatik, 2 Ex. — (v. Hrn. Obriſt v. Bodé in Braunſchw.)
Chriſtl. Religionsunterricht in Geſprächen für die prote-
ſtantiſche Jugend. — (aus unſerm Fond:) Die von dem
evangel. Conſiſtor. in Wien herausgegebene Liturgie, und
Seilers allgemeine Samml. liturgiſcher Formulare; beide
gebunden; zum Geſchenke, jene für die Storchiſche, dieſe
für die Roſchenſche Gemeinde. 100 Ex. unſers größern
Katechismus, zum Geſchenke, halb für die Storchiſche, halb
für

für die Roschensche Gemeinde. 20 Er. des Zweyten Kat.
für arme Kinder in der Roschenschen Gemeinde. -- Imgl.
zu Predigerbibliorh. (aus dem Fond,) Past. Meyers (zu
Lehre) Gesänge zu den Evangelien und Episteln. -- Die
in den Nachr. zur 2ten Liefer. aufgeführten 50 Er. vom N.
Braunschw. Gesangb. für die Storchische Gemeinde. --
Auch hat Hr. Senior Dr. Gerling zu diesem Transporte
den Hamburgischen Vorrath nach Bremen gesandt, worunter, außer 2 Er. von Dessen Predigtauszügen (1778-
87.) 2 Er. der neuen Hamburgischen Kirchenagende,
(wovon wir das eine Er. der Rüßmannischen, das zweyte
aber derjenigen Gemeinde zuerkennen, welche uns wegen
der Versorgung des dritten Predigers, dem unser Fond
den Transport erleichtern soll, die befriedigende Versicherung
geben wird,) und 2 Er. des neuen Hamb. Gesangbuches,
imgl. Pratjens Liturg. Archiv, die 4 ersten Fächer, befind-
lich sind. -- -- Noch liegen bey uns vorräthig: (v. 2 Ung.)
Sertros Fragm. über die Bildung der Jugend zur Indu-
strie. Campens kleine Seelenlehre für Kinder. -- Auch hat
Hr. Bandelin in Lübeck 25 Er. seiner Geistl. Lieder abgesandt an Hrn. Past. Nicolai in Bremen.

Helmstädt, den 25sten Sept. 1788.

J. C. Velthusen.   H. P. C. Henke.
L. Crell.   P. J. Bruns.

Lehrbücher

für die Jugend

in Nordcarolina,

entworfen

von

einer Gesellschaft
Helmstädtischer Professoren.

Vierte und letzte Lieferung:

Die

gemeinnützigsten

Vernunftkenntnisse.

Leipzig,
bey Siegfried Lebrecht Crusius.
1789.

Leipzig,
bei ...
1782.

Dritte Fortsetzung
der Nachrichten

von

dem Unternehmen

einiger

Helmstädtischen Professoren
für Nordcarolina.

Beförderer, Pränumeranten und Subscribenten.

Göttingen.
Hr. Doct. und Prof. Kulencamp.
Hameln.
Hr. Rathsschulz Lüders, 2 Ex. und noch 1 Rthlr.
zu Exemplaren vom Zweyten Katechismus für
arme Kinder in Nordcarolina.

Helm:

Helmſtädt.

Hr. Geh. Juſtizr. Oeltze.

Petersburg.

Hr. Paſt. Lampe an der Petrikirche.

Virginien.

Hr. Hartmann, unſers Storchs Reiſegefährter bis Baltimore, hat unſerm Fond 7 Rthlr. gehabter Auslagen für Fracht und Verzollung von Braunſchweig bis Bremen geſchenkt. *)

Unſre letzte Nachricht, Hrn. Paſt. Storch betreffend, iſt die noch im vorigen Herbſte bey uns eingelaufene Meldung des Hrn. Mag. Faber in Charleston, daß an letzterm Orte deſſen glückliche Landung in Baltimore damals ſchon bekannt geworden war, ſeine baldige Ankunft daſelbſt erwartet würde, und zum edelmüthigſten Empfange deſſelben dort alles veranſtaltet geweſen ſey. Die Art, wie Hr. Faber inſonderheit, unſerm Wanderer ſeine Gaſtfreundſchaft im voraus verſpricht, läßt

für

*) Wir freuen uns bey dieſer Gelegenheit zu erfahren, daß man unterdeſſen in Friedrichstown angefangen hat, deutſche Katechismen und andere Lehrbücher zu drucken.

für den fernern Fortgang der Sache noch
auf die Zukunft recht viel Gutes hoffen.
— — Indem wir im Begriffe sind, diesen
Vorbericht zur letzten Lieferung unsrer Lehrbücher zu entwerfen, theilt uns Hr. Dompred. Nicolai in Bremen die frohe Bot-
schaft mit, daß auch unser Hr. Past. Roschen am 29sten Nov. v. J. glücklich in
Charleston gelandet ist. — — So haben
wir also den günstigen Fügungen einer seg-
nenden Vorsehung und den nachdrücklichen
Unterstützungen vieler wohlthätigen Menschenfreunde es zu verdanken, daß jetzt wirklich zur Befriedigung der heissen Wünsche
unsrer durch das Weltmeer von dem Mutterlande abgeschnittenen entferntesten, an
der äussersten Gränze der gesitteten Welt
wohnenden deutschen Brüder, von Deutschland aus seit dem 14ten Oct. 1786 weit
mehr hat können ausgerichtet werden, als
sich irgend mit Wahrscheinlichkeit im voraus erwarten ließ. Zwey wohlvorbereitete,
muthvolle Prediger haben das Ufer erreicht.
Für den dritten bereits exspectivirten Prediger liegt, sobald wir diejenigen Beruhi-
gungen erhalten, welche wir um seiner eigenen Person willen dort und hier zur

a 3   Bedin-

Bedingung gemacht haben, das Geld in
Bereitschaft. Auch ist die Quelle nun ge-
öffnet, und wird wenigstens im nächsten
Sommer noch nicht ganz vertrocknen, welche uns in den Stand setzt, fernere Hülfen,
besonders vermittelst zweckmäßiger Bücher,
zu leisten.

Wir legen hier, unserm gegebenen Versprechen gemäß, dem großmüthigen Publikum, welches uns seine reichlichen Beyhülfen
anvertrauet hat, von dem Schlußbestande
des nordcarolinischen Fonds, sofern dieser bisher gesellschaftlich von uns verwal-
tet worden ist, öffentlich Rechnung ab. Es
beträgt nemlich

1) die Hauptsumme aller bisher gehab-
ten Ausgaben, 1386 Rthl. 10 ggr. 8 pf.

2) Der Geldüberschuß, welcher das Ei-
genthum des nordcarolinischen Fonds bleibt,
(nur noch die Kosten des Drucks, der Ver-
sendungen u. s. f. dieser letzten Lieferung
ausgeschlossen,) 390 Rthl. 20 ggr.

3) An rückständigen Subscriptions-
geldern,

geldern, *) welche die Beförderer unsers
Unternehmens an Hrn. Leuckart, Buch-
drucker in Helmstädt, gefälligst einzusen-
den gebeten werden, ohngefähr gegen
200 Rthl.

4) Der ohngefähre Vorrath an Exemplaren unsrer Lehrbücher, wovon wir
dem nordcarolinischen Fond unser Eigen-
thumsrecht abtreten, mit Inbegriff dessen,
was nach der ersten Abrechnung muthmaßlich
noch in Leipzig zu berechnen ist, wovon jedoch die unten zu erwähnenden Ersatzexem-
plare für das sechste Buch abgehen:

1. Von dem nordcarolinischen Katechismus, etwa 1050 Exemplare.

2. Von dem dazu gehörigen Fragebuche,
etwa 150 Ex.

a 4   3. Von

*) Vermittelst derselben könnte vielleicht noch
ein vierter Prediger transportirt (wenigstens
für ihn ein Theil des Transports bestritten)
werden. Sofern indessen für denselben gegen
die Zeit des letzten Abschlusses dieses Geschäfts
nicht das Erforderliche veranstaltet ist, bestim-
men wir den Rest des Geldes zum Ankaufe von
Büchern, zum Einbinden oder Broschiren geschenkter Schriften, zur Bezahlung des Transports derselben bis Charleston, u. dergl.

3. Von dem Biblischen Handbuche, etwa 320 Er.

4. Von den Biblischen Erzählungen, etwa 320 Er.

5. Von der Religionsgeschichte, etwa 330 Er.

6. Von dem Geographischen Handbuche, etwa 350 Er.

7. Von den Gemeinnützigsten Vernunftkenntnissen, etwa 350 Er.

8. Von dem Ersten Katechismus, etwa 190 Er.

9. Von dem Zweyten Katechismus, etwa 250 Er.

10. Von dem Spruchregister (über den größern Katechismus), etwa 550 Er.

Hiemit verbinden wir gleich das fortgesetzte Verzeichniß geschenkter Bücher. Es sind nemlich seit dem 25sten Sept. v. J. ferner

Geschenkt — (aus unserm Fond, zur Beförderung der Lesebegierde und der bürgerlichen Erfindsamkeit angeschafft: theils für Kirchen= und Schul=bibliotheken, theils an fleissige Kinder zu verschen=ken: Campens Robinson der Jüngere, 25 geb. Er.)

— — zu

— — zu Predigerbibliotheken: — (von dem Verleger, Hrn. Crusius in Leipz.) Kinderfreund, 2te
Aufl. 24 Theile. Beyers Handbuch für Kinder
und Kinderlehrer über den Katechismus Lutheri,
B. 1. u. 2. Deff. Anhang zu dem Handb. Deff.
Auszug aus dem Handb. Deff. Predigten zur Auf-
klärung der Volksreligion, 2 Bände. Hermes, Fi-
schers und Salzmanns Beyträge zur Verbesserung
des öffentl. Gottesdienstes der Christen, 2 Bände.
— (Von dem Uebersetzer, Hrn. Hofr. Eschenburg,)
Hay, Religion des Philosophen. Priestley, Vorle-
sungen über Redekunst und Kritik. — (V. d. Verf.)
Eschenburgs Archäologie der Literatur und Kunst.
Deff. Grundzüge der griech. u. röm. Fabelgeschich-
te. — (V. d. Verf.) Seilers größ. bibl. Erbauungsb. die Psalme, 1. u. 2. Th. 4 Ex. Deff. Biblische Religion und Glückseligkeitslehre. — (V. d.
Verf.) Wiedeburgs Humanist. Magazin 1788. Johannis. — — (V. d. Verf.) J. C. Huth, die nö-
thigsten Kenntnisse zur Anlegung, Beurtheilung und
Berechnung der Wassermühlen, und zwar der Mahl-
Oel- und Sägemühlen für Anfänger und Liebhaber
der Mühlenbaukunst. — — Auch sind (aus unserm Fond) angeschafft, und jedesmal, so weit sie
heraus waren, unsern Packeten auf Charleston bey-
gefügt, womit fortgefahren werden soll: Annales
literarii Helmstad. 1787. 88. 89. 1 Ex. (für
Charleston,) und sollen auf gleiche Weise nachfolgen: die Rintelschen Annalen der neuesten theolog.
Litteratur und Kirchengesch. 1789. 2 Ex. (das eine
für Charleston, das zweyte zum Circuliren unter

den

den Predigern in Nordcarolina.) — — Ferner
(gleichfalls aus unferm Fond:) Suckow's ökono=
mifche und technifche Chemie, Gmelins technifche
Chemie, Beckmanns Technologie, und v. Lam=
prechts Technologie, von jedem 1 gebund. Exempl.
und von Fuchs, Skizze einer populären Gefund=
heitslehre, und Scherff, Anzeige der Rettungsmit=
tel bey Leblofen und in plötzliche Lebensgefahr Ge=
rathenen. von jedem 6 brofch. Exempl. — — (Zu
einer Anzahl von Bibeln für arme Kinder in
Nordcarolina foll in der Folge ebenfalls vermittelft
des bleibenden Geldüberfchuffes unfers Fonds Anftalt
gemacht werden, fobald nur erft die übrigen und
nächften Abfichten des Inftituts ausgeführet find,
nach welchen wir zunächft für die dringendften Be=
dürfniffe jener von den Hülfsquellen der Litteratur
entfernten Gegenden zu forgen haben.)

Abgefandt waren — 13. Oct. 1788. in einem
Packete an Hrn. Mag. Faber in Charleston: Die
zwey am Schluffe unfrer letzten Nachricht, S. 32.
als vorräthig aufgeführten Bücher, u. f. w. zur gü=
tigen Beforgung an Hrn. Paft. Mußenbecher in
Amfterdam, durch Gefälligkeit des Hrn. Cand. Ja=
cobi aus Amfterdam. — In der Mitte des Nov.
1788. durch liebreiche Hülfe Hrn. Paftors Nicolai
in Bremen: An Hrn. Mag. Faber in Charleston,
in zwey Packeten: — (zu Pred. Biblioth.) Wie=
deburgs Humanift. Magaz. 1788. Neuj. u. Oftern.
— 50 geb. u. 50 ungeb. Ex. der 3ten Liefer. un=
frer Lehrbücher, als Fortfetzung der zu feiner Zeit
von

von den beiden erſten Lieferungen überſandten 100 Exempl. (Hr. Mag. Faber und die Herren Paſtoren Müßmann, Storch und Roſchen behalten völlig freye Hände, nach Befinden der Umſtände von dieſen Exemplaren entweder für den nordcaroliniſchen Fond zu verkaufen, oder in unſerm Namen zu verſchenken; und wir verlangen von ihnen, die ſelbſt am meiſten bey der Sache intereſſirt ſind, um ſo weniger eine kaufmänniſch genaue Abrechnung, je mehr wir die Unmöglichkeit davon aus eigener Erfahrung kennen.) — Von dreyen unſrer Lehrbücher: Religionsgeſchichte, Geographiſches Handbuch, Nordcaroliniſcher Katechismus; von jedem 50 broſchirte Exemplare. (Dieſe ſollen hiernächſt auf die in Hannover zinsbar belegten 370 Rthlr. Buſſloe Creeker Kirchengelder, deren unſre Nachrichten zur 3ten Liefer. S. 6. u. 7. erwähnen, abgerechnet werden.)

Ferner ſollen allernächſtens, mit 50 geb. und 50 ungeb. Ex. dieſer vierten Liefer. als Fortſetzung der 100 Ex. der drey erſten Lieferungen für den Fond, abgeſandt werden, in zwey beſondern Packeten, bezahlt bis Bremen, an Hrn. Paſt. u. Dompred. Nicolai, zur geneigten weitern Beförderung an Hrn. Mag. Faber: — Alle oben ſpecificirten Schenkbücher. — Imgl. (auf Abrechnung der Buſſloecreeker 370 Rthlr.) 50 broſch. Exempl. von unſrer fünften Schrift. (Klügels Vernunftkenntniſſe.)

Noch

Noch sind an Hrn. Sen. Dr. Gerling in Ham=
burg gesandt: (von Hrn. Superint. Lueder zu Dan=
nenberg, zum Geschenk für Hrn. Past. Nüßmann:)
Resewitz, Predigtentwürfe von 1768 u. 69. Lue=
ders Küchengartenbriefe, 3 Theile. 25 Ex. von
Ebendeff. Grundriß der christl. Sittenlehre.

Endlich haben wir Hoffnung, durch einen berühm=
ten Beförderer unsers Instituts, dessen warme und
nachdrückliche Empfehlung von Anfang an viel zu
dem glücklichen Fortgange unsers Unternehmens bey=
getragen hat, ein (wo möglich, vollständiges) Exem=
plar der Göttingischen gelehrten Anzeigen zum
Geschenke für die nordcarolinische Kirchenbibliothek
zu erhalten.

In so weit also dürften wir nun wegen
der gewissenhaften Erfüllung unsers Ver=
sprechens, da die Ursachen eingetretener Ver=
zögerungen aufser unsrer Gewalt lagen, kei=
ne Vorwürfe besorgen. Aber eine andere
Veranlassung, uns die Nachsicht eines gü=
tigen Publikums zu erbitten, daß dennoch
ein Theil unsers vorgehabten Plans jetzt
nicht ausgeführt werden kann, und wir da=
her nicht im Stande sind, ganz unser Ver=
sprechen zu erfüllen, ist uns selbst äufserst
empfindlich. Unsre Absicht war, noch ein
Hand=

Handbuch bürgerlicher Kenntniſſe zu
liefern, in welchem aus der Phyſik, der
Chemie und der Mathematik Anwendun=
gen auf Künſte, Gewerbe und Ackerbau ge=
macht werden ſollten, um beſonders in Län=
dern, wo für die Benützung der natürlichen
Produkte und die Erweiterung des Kunſt=
fleiſſes noch viel zu thun übrig iſt, ein Be=
förderungsmittel der Erfindſamkeit zu
werden, zugleich aber überhaupt nützliche
Kenntniſſe dadurch zu verbreiten. An
Fleiß, die dazu nöthigen Materialien zu
ſammeln, zu ordnen, zu ſichten, haben wir
es ſo wenig fehlen laſſen, daß vielmehr ge=
rade ihr zu großer Reichthum uns in der
Ausführung unſers wiederholt mündlich
und ſchriftlich einander mitgetheilten Ent=
wurfs die meiſten Schwierigkeiten macht.*)

Zuletzt

*) In 12 bis 16 Bogen, auf die wir uns hätten
einſchränken müſſen, läßt ſich, wie uns wieder=
holte Verſuche überzeugen, von ſo vielen Ge=
genſtänden nichts befriedigend Vollſtändiges
mit der zu dieſem beſondern Zwecke nöthigen
Verſtändlichkeit ausführen. Sonſt findet man
die vollſtändigſten Anwendungen mathemati=
ſcher, phyſiſcher und chemiſcher Kenntniſſe auf
Künſte,

Zuletzt sahen wir uns genöthiget, wenn wir
nicht die Geduld unsrer gütigen Subscribenten

Künste, Gewerbe und Ackerbau in folgenden
Schriften, deren Namen wir um unsrer nordcarolinischen Freunde willen hieher setzen:
Beckmanns Technologie; von Lamprechts
Technologie; Gmelins technische Chemie;
Suckows ökonomische und technische Chemie.
— Ganz geben wir jedoch die Hoffnung noch
nicht auf, daß zwey unsrer Freunde, deren Eifer für Menschenwohl nicht ruhen wird, jeder
in seinem Fache, eine unsern Wünschen völlig
entsprechende Schrift, wo nicht selbst schreiben, wenigstens unter ihrer Leitung veranstalten werden. (Vielleicht läßt dann der Verleger, wenn man nur seine Gedanken darauf lei-
tet, gern etliche Dutzend Freyexemplare mehr
abdrucken, um sie unserm Institute zu schenken.) — — Noch nennen wir hier, weil wir
gern auch eine Diätetik geliefert hätten, um
unsrer von aller Verbindung mit der deutschen
Litteratur entfernten Landsleute willen, und
empfehlen ihnen angelegentlichst folgende für
das gemeine Wohl der Menschheit äusserst
wichtige Schriften, in welchen schätzbare An-
leitungen zur Erhaltung des Lebens und der
Gesundheit enthalten sind: Fuchs, Skizze einer populären Gesundheitslehre, und Scherff,
Anzeige

denten ermüden wollten, diese Arbeit, welche allerdings den Deutschen dieſſeits und jenſeits des Weltmeers ſehr willkommen ſeyn muß, irgend einem andern Schriftſteller zu überlaſſen, *) der ſich nicht auf eine gewiſſe

Anzeige der Rettungsmittel bey Lebloſen und in plötzliche Lebensgefahr Gerathenen. — Wenn von den genannten, oder ähnlichen Büchern, künftig, etwa durch Meßgelegenheiten und Gefälligkeit von Buchhändlern, und ſo daß ich nur keine Koſten davon habe, Schenkexemplare für die nordcarol. Predigerbibliotheken an mich, den Oberkirchenrath Beithuſen in Roſtock, geſandt werden, ſo verſpreche ich hiemit, für den Transport möglichſt zu ſorgen. Vermuthlich werden denn von manchen brauchbaren Büchern von dort aus auf andern Wegen Mehrere Exemplare verſchrieben. Ich habe ſchon einmahl in der Vorrede zum Bibl. Handb. erwähnt, daß unſre Nordcaroliniſchen Freunde ſich wegen dergleichen Aufträge am ſicherſten an Hrn. Bohn, Buchhändler in Hamburg, wenden könnten, von deſſen theilnehmendem Eifer für die gute Sache unſre Nachrichten ſchon die ſichtbarſten Beweiſe enthalten.

*) Um in Anſehung unſrer Nordcaroliniſchen Brüder

wiſſe Bogenzahl eingeſchränkt ſieht, und die
bey einem ſolchen Buche faſt unentbehrli-
chen, erläuternden Kupfertafeln hinzufügen
kann. Allein damit hätten wir uns freylich noch nicht gegen unſre edelmüthigen
Pränumeranten gerechtfertiget. Zwar bey
den Allermeiſten derſelben iſt es augen-
ſcheinlich, daß Sie nicht um des Be-
ſitzes willen von gerade ſieben Büchern,
und von dieſer oder jener Schrift inſonderheit, ſondern offenbar zur Unterſtützung unſers (in der Hauptſache völlig ausgeführten) Planes, beygetragen
haben. Diejenigen, welche einen halben
Louisd'or auf die ganze Sammlung her-
ſchoſſen, bringen gewiß größtentheils die
ſtärkere Bogenzahl der ſechs wirklich gelie-
ferten Bücher mit in Anſchlag. Unter den
übrigen, welche einen halben Rthl. auf
die jetzt zurückbleibende ſechſte Schrift un-
terzeichneten oder zahlten, dürften wohl Wenige ſeyn, welche uns nicht gern verſtatte-
ten,

der anderweitig dieſen Abgang einigermaßen
zu erſetzen, ſo haben wir aus unſerm Fond
eine Anzahl von Exemplaren des Campiſchen
Robinſons angeſchafft.

ten, daß wir ihnen, anstatt des verlangten, ein anderes Buch von gleichem Preise, namentlich, statt eines Ersatzes, ein Exemplar von unserm 4ten, (Bibl. Erzähl. und Religionsgesch.) oder von dem 5ten, (Vernunftkenntn.) oder von dem 7ten Buche (Geograph. Handb.) oder, wenn es an Exemplaren der benannten fehlen sollte, von dem 3ten Buche, (Bibl. Handb.) zufertigen lassen. Indessen erkennen wir uns dennoch verpflichtet, einem jeden, der es verlangt, und sich höchstens vor Michaelis d. J. gegen einen aus unsrer Gesellschaft desfalls näher erklären wird, die billige Schadloshaltung zu beschaffen, welche er etwa von uns fordern mögte.

Und hiemit würde unsre gesellschaftliche Verbindung, welche auch nach unsrer ausdrücklichen Erklärung am Schlusse der Ankündigung vom 28sten Nov. 1786 nicht länger, als bis zur Ausführung des verabredeten Planes hat dauern sollen, gewissermassen von selbst aufhören. Damit jedoch sowohl das Publikum, als unsre nordcarolinischen Freunde, wegen des in dieser Schlußnachricht nahmhaft gemachten nordcaroli-

b   nischen

nischen Eigenthums, (auch wegen der
370 Rthl. in Hannover zinsbar belegter
Buffloe Creeker Kirchengelder,) völlig
gesichert seyn, so darf ich, der Abt Velt=
husen, der ich, nach einer dreyssigjährigen
Wanderschaft, in etlichen Wochen dem
Rufe in mein geliebtes Vaterland zu fol=
gen und künftig als Oberkirchenrath und
Professor in Rostock den Rest meiner Pil=
gertage zu beschliessen von der Vorsehung
aufgefordert bin, hinzufügen, daß ich an
meinem neuen Orte meinen beiden dortigen
Freunden und künftigen Amtsgehülfen,
Hrn. Profess. Pries und Hrn. Hofr. Roenn=
berg, (welche, nebst Hrn. Prof. Wehnert
in Parchim, bereit sind, mir ferner bey der=
jenigen Pflichtleistung, wozu dort blühen=
der Handel und ausgebreitete Schiffahrt
manche Erleichterungen versprechen, brü=
derlich die Hand zu bieten,) getreulich über
Alles mir Anvertraute Rechnung ablegen
werde. *)   Gott der Allmächtige vergelte
den

---

*) In irgend einer gangbaren Zeitschrift (z. E.
der Monathsschrift von und für Mecklen=
burg, oder dem Politischen Journal, oder
dem Hallischen Predigerjournal) werde ich
den

den Freunden und Mitarbeitern, von wel=
chen mich jetzt mein Schickſal trennet, dem
guten Lande, das ich mit ſchwerem Herzen
verlaſſe, und dem vortreflichen Fürſten=
hauſe, Deſſen Huld mir eilf Jahre hin=
durch zu jeder ſauren Pflicht Muth einflöß=
te, die vielen Erleichterungen, wodurch ein
oder das andere Unternehmen, wenn Be=
ruf und innerer Drang dazu antrieben, ge=
fördert ward, mit ſeinem beſten, väterlichen
Segen!

So weit hatten wir den glücklichen
Fortgang unſers Unternehmens beſchrie=
ben, als (am 4ten d. M.) des Hrn. Mag.
Faber in Charleston vom 5ten Sept.
v. J. datirter Brief einlief.   Hr. Paſt.
Storch fand auch in Charleston, wo ein
angeſehener Kaufmann, Hr. Gäbel, ihn
menſchenfreundlich ins Haus nahm, alle
Liebe, die wir hier nur erwarten oder wün=

b 2   ſchen

den letzten Rechnungsabſchluß (und was ſonſt
etwa das Publikum zu wiſſen berechtiget oder
begierig ſeyn könnte,) öffentlich bekannt ma=
chen. B.

ſchen konnten. Seine Predigt erwarb ihm
Beyfall, Achtung, Vertrauen und Freun=
de. Nach zwölf Tagen verließ er die gute
Gemeinde, die theils nach unſerm Verlan=
gen aus der dort ſchon uns verſichert ge=
weſenen Subſcription, theils durch neue
Beyträge, ihm ein Pferd, und was ſonſt
zu ſeiner weitern Reiſe nöthig war, an=
ſchaffte, und trat ſeinen Landweg in Be=
gleitung eines alten erfahrnen vormaligen
Predigers aus Nordcarolina an, welcher
feierlich verſprach die beſte Sorgfalt für
ihn zu tragen.

Helmſtädt und Halle den 6ſten März
1789.

J. C. Velthuſen. H. P. C. Henke.
L. Crell. G. S. Klügel. P. J. Bruns.

Nach=

Nachschrift.

Hrn. Past. Storchs eigene Briefe aus Charleston vom 15ten und 20sten Aug. v. J., welche erst am 7ten d. M. einge= gangen sind, bestätigen die oben mitge= theilte Nachricht von der ungemein men= schenfreundlichen Aufnahme, die er dort fand. Recht sehr thätig bewiesen Hr. Fa= ber, Hr. Gäbel, Hr. Schutt, und an= dere mehr, ihm diejenige Liebe, welche in seiner Lage einen dreyfachen Werth hat. Seine Briefe drücken einen christlich ge= setzten Muth aus. Auch haben ihm die Freunde in Baltimore die Fahrt von da bis Charleston auf alle mögliche Art er= leichtert. Mit Lebensmitteln und Erfri=

schungen

ſchungen verſahen ſie ihn reichlich. Einer
derſelben nahm ihm ſo viele Bücher ab,
daß er zu dieſer Zwiſchenreiſe wiederum
hinlängliches Geld bekam. Helmſtädt den
9ten März 1789.

Velthuſen.

Bey S. L. Crufius in Leipzig find zu
haben:

J. C. Velthufens Nordcarolinischer (Helmstädtischer)
Katechismus, oder Christlicher Religionsunter=
richt nach Anleitung der heiligen Schrift, 2te
Aufl. (9 Bogen.) 5 ggr.

Deſſelb. Fragebuch für Eltern und Lehrer, oder An=
leitung zu Fragen und Gesprächen über den Kate=
chismus, mit Rücksicht auf die Verschiedenheit
der Fähigkeiten und des Alters der Jugend. (13
Bogen.) 12 ggr.

Deſſ. Spruchregiſter über den größern Katechismus.
($1\frac{1}{2}$ B.) 1 ggr.

Deſſ. Erſter Katechismus mit den Fünf Hauptſtücken.
($1\frac{1}{2}$ B.) 1 ggr.

Deſſ. Zweyter Katechismus, mit Fragen, den Fünf
Hauptſtücken nebſt der Lutheriſchen Erklärung und
dazu nöthigen Anmerkungen, auch einigen Kinder=
gebeten, 2te Aufl. (4 B.) 2 ggr.

Deſſ. Bibliſches Handbuch für ſelbſtprüfende Leſer,
nebſt einem Anhange vom Bibelleſen mit Aus=
wahl. (20 B.) 16 ggr.

H. P. C. Henkens Auswahl Bibliſcher Erzählungen
für die erſte Jugend. (7 B.) 6 ggr.

Deſſ.

Deff. Geſchichte der Jüdiſchen und Chriſtlichen Religion für den erſten Unterricht. (10 B.) 8 ggr.

G. S. Klügels Gemeinnützigſte Vernunftkenntniſſe,
oder Anleitung zu einer verſtändigen und frucht-
baren Betrachtung der Welt. (16½ B.) 14 ggr.

P. J. Bruns, Geographiſches Handbuch in Hinſicht
auf Induſtrie und Handlung. (18½ B.) 14 ggr.

Lehrbücher
für die Jugend
in Nordcarolina,

entworfen

von

einer Gesellschaft
Helmstädtischer Professoren.

Erste Lieferung:
Katechismus
und
Fragebuch.

Leipzig,
bey Siegfried Lebrecht Crusius.
1787.

Dem

Durchlauchtigsten Fürsten

und Herrn,

Herrn

Ferdinand,

Herzoge zu Braunschweig

und Lüneburg,

2c. 2c.

unserm Gnädigsten Fürsten

und Herrn

ehrerbietigst gewidmet.

Durchlauchtigster Herzog,
Gnädigster Fürst und Herr.

Ew. Herzogl. Durchlaucht
haben mit der, Ihrem
großen Geiste eigenen Thätigkeit,
ein Unternehmen huldreichst und

a 3 nach=

nachdrücklichst unterstützt, zu deſſen Ausführung uns einzig das Ver= langen, unſern Brüdern zu dienen, den dazu erforderlichen Muth ein= flößen konnte.

Die Vorſehung hat das unter= nommene Werk in Deutſchland ſichtbar zu ſegnen angefangen. Fin= det der Mann, welcher von unſrer Univerſität dieſe Hülfsleiſtung be= gehrte, zu der wir uns auf einige Zeit enger mit einander verbunden haben,

haben, eben denſelben chriſtlichen Bruderſinn in Amerika, deſſen Wir= kungen im Vaterlande unſre Er= wartungen übertreffen, ſo kann der Vortheil für die evangeliſchen Ge= meinden in Nordcarolina, vielleicht auch in andern dortigen Gegenden, größer werden, als wir es jetzt vor= ausſehen. Doch die Folgen über= laſſen wir ruhig der Vorſehung, durch deren Fügungen uns dieſes Geſchäft zugefallen iſt.

Aus

Aus dem, der gegenwärtigen ersten Lieferung einiger Lehrbücher vorgesetzten Namenverzeichnisse, werden unsre Brüder in jenem entfernten Erdstriche den Geist der Deutschen kennen lernen, nach welchem sie ihre Kinder bilden müssen, wenn diese ihrer edlen Abstammung dereinst würdig werden sollen.

Durchlauchtigster Herzog!

Es gereicht uns zu der lebhaftesten Aufmunterung, wenn wir es uns

denken,

denken, wie nun bald tauſend Stim=
men dieſer deutſchen Kinder an den
Grenzen der geſitteten Welt mit
uns den Allmächtigen um die Ver=
längerung der wohlthätigen Tage
des menſchenfreundlichſten Fürſten
anrufen werden, der als Deutſch=
lands Beſchützer, groß; als Vater
der Bedrängten, in einem erhabe=
nern Sinne des Wortes — — un=
ſterblich iſt.

Mit

Mit den Gesinnungen des ehr=
furchtsvollesten Dankeifers behar=
ren wir bis ins Grab,

Durchlauchtigster Herzog,
Gnädigster Fürst und Herr,
Ew. Herzogl. Durchlaucht

Helmstädt
den 12ten Sept. 1787.

tiefst verpflichtete Verehrer,

die Herausgeber.

Nachrichten
von
dem Unternehmen
einiger
Helmstädtischen Professoren
für Nordcarolina.

Einige Helmstädtische Professoren haben sich mit einander verbunden, nach dem Verlangen des evangelischen Predigers in Nordcarolina, Herrn Adolph Nüßmann, eine Sammlung von Lehrbüchern für die dortige deutsche Jugend herauszugeben. Von dem daraus zu erwartenden Gewinne wollen sie die Ueberfahrt für zwey bis drey evangelische Prediger mit einem guten Vorrathe geschenkter Bücher bis Charlestown bezahlen. Dieses Unternehmen hatte folgende sehr natürliche Veranlassung. *

Im

* Wegen anderer, die Nordcarolinische Kirchenverfassung betreffenden, und von unserm gegenwärti=

Im Jahre 1772 baten zwey Deputirte aus Nordcarolina einen aus unsrer Gesellschaft, der damals als Hofprediger in London stand, um seine Vermittelung. Ohngefähr sechzig deutsche Familien, der Augsburgischen Confession zugethan, wünschten einen Prediger aus des Königes deutschen Erblanden. Auch suchten sie, wo möglich, einen Schulmeister zu erhalten. Besonders aber war es ihnen um solche Bücher zu thun, durch die ein Strom von schwärmerischen Schriften, mit welchen jene Gegenden überschwemmt sind, einigermaßen gehemmt werden könnte. Der König unterstützte das Gesuch mit ansehnlichen Geschenken an Gelde. Zugleich ergieng an das Consistorium in Hannover der Auftrag, sich dieser Sache bestens anzunehmen.

Am 20sten Sept. 1772 ward in der Hofkapelle zu St. James zu gleichem Zwecke eine Geldsammlung angekündiget. * Damals

genwärtigen Zwecke entfernten Umstände, beziehen wir uns auf den in das 91ste Stück des Hannöverischen Magazins v. J. 1786 eingerückten Aufsatz.

* Die in London bey der Gesellschaft zur Fortpflanzung des Evangeliums im

J.

mals hatte Herr Nüßmann den Ruf
schon angenommen. Wegen seiner eigenen
Versor=

J. 1773 zurückgebliebene Summe des Ueber=
schusses betrug, wie uns aus der dortigen deut=
schen Staatskanzeley gemeldet ist, 94 Pf. St.
Wir trugen Bedenken, Hrn. Nüßmanns
Anerbieten anzunehmen, nach welchem wir mit
diesem u r s p r ü n g l i c h z u s e i n e r G e=
h a l t s v e r m e h r u n g bestimmten Gelde
einen Theil der Druckkosten hätten bestreiten
können. Aus der von den Hannöverischen
Hofpredigern im J. 1772 herausgegebenen
gedruckten Nachricht, die wir in Händen ha=
ben, sehen wir den Umstand bestätigt, dessen
ich), der ich die Feder führe, mich noch lebhaft
erinnere, daß jene Gesellschaft, bey welcher ich
zufolge einer mündlichen Verabredung mit dem
damaligen E r z b i s c h o f e v o n C a n t e r b u=
r y , D o c t o r C o r n w a l l i s , die durch
meine Hände gegangenen Gelder niederlegte,
den Deputirten zu ihrem Vorhaben eine Geld=
beyhülfe auf die Bedingung versprochen hatte,
wenn sie vorher erst bey ihren nächsten Glau=
bensverwandten und Landesleuten Beystand
gesucht hätten. Daß auch verschiedene Perso=
nen von der hohen Geistlichkeit unter gleicher
Bedingung Unterstützungen versprochen haben,
erinnere ich mich ebenfalls, und finde es bey
der Predigt, in welcher ich am 20sten Sept.
1772 die Collekte in der Hofkapelle ankün=
digte,

Verſorgung war noch bey weitem nicht al=
les in Richtigkeit. Dennoch dräng er, weil
ihm der Unterricht der Jugend am
Herzen lag, ſehr darauf, daß man ihm gleich
einen Schulmeiſter mit auf den Weg geben
mögte. Er verſprach demſelben ſogar von
dem Gehalte, welches er nach der Verſiche=
rung der Deputirten zu erwarten hatte, ſei=
nen Antheil. Die Abreiſe ward beſchleu=
niget. Der Prediger und Schulmeiſter
ſollten mit den geſchenkten Büchern über
Hamburg gehen. Das Schiff war ſchon
nahe bey den Küſten von England, als es
durch einen Sturm in die Elbe zurückge=
trieben und zum weitern Gebrauche für un=
tüchtig erklärt ward. Nußmann ließ
ſeinen Begleiter bey den Sachen, die ihm
mit dem nächſten Hamburgiſchen Schiffe
nachfolgen ſollten; und eilte über Holland
nach London, wo man ihn erwartete. Der
dortige zweyte Hofprediger hatte in eben
dieſem verunglückten Schiffe ſeine Gattinn
einige

bigte, angemerkt. In jenem gedruckten Blatte
wird ſolches von dem Erzbiſchofe von
Canterbury, und dem Biſchofe von
London, (dies war damals der Doctor Tar=
rik,) als dem Oberaufſeher der amerikaniſchen
Gemeinden, ausdrücklich gemeldet.

einige Monathe vorher zu sich nach England
herübergeholt; und beide erkannten nun
erst hinterher die Gefahr, worin sie ge-
schwebt hatten, weil das Schiff schon zu
der Zeit leck gewesen seyn sollte. Betrach-
tungen dieser Art ziehen unter ähnlichen
Schicksalen Gemüther näher an einander.
Nußmann wohnte einige Monathe bey
ihm. Nachdem er aber die Ueberfahrt bis
Charlestown für denselben bezahlt hatte,
und die Personen nebst den Sachen aufs
Schiff gebracht waren, ist von mehrern Briefen seines Freundes, die verloren gegangen
sind, ihm erst am 14ten Oct. 1786 einer,
vom 11ten May desselben Jahres, über Kopenhagen zu Händen gekommen.

In diesem, aus Mecklenburg County, dutch Buffloe-Creek, geschriebenen Briefe, sehnte sich Herr Nußmann
nach Mitarbeitern, weil es der Familien,
die nach einer Predigt schmachten, dort her-
um so viele gäbe. Er verlangte darin junge
Männer von uns, denen wir (wie er sich
ausdrückt) Herz, Muth und einen
recht apostolischen Geist einreden
sollten, auch unter großen Schwierigkeiten das Evangelium in je-
nen aufblühenden Staaten aus-

zubrei-

zubreiten. Auch hatte er sich bereits selbst, nachdem er sich von London und Hannover verlassen glaubte, mit dem deutschen evangelischen Prediger in Charlestown, Hrn. Friedrich Daser, verbunden, daß der eine sich des Staates Nordcarolina, der andere aber der Staaten Südcarolina und Georgien, in Absicht auf ihren gemeinschaftlichen Mangel durch Fürsprachen bey ihren Freunden im Mutterlande nachdrücklichst annehmen wollte. Imgleichen äusserte derselbe, daß, da ihn seine Assembly zum dritten Commissioner zur Errichtung einer Akademie in Salisbury gesetzt habe, er hier ebenfalls sich bestreben würde, dem Hauptbedürfnisse seiner verlassenen Landsleute möglichst abzuhelfen.

Sein dringendes Verlangen an uns, fürs erste nur noch zwey Predigern bis Charlestown die Ueberfahrt zu erleichtern, da man denn für das Weitere alle Sorge tragen würde, schien uns aller unsrer Aufmerksamkeit würdig. Indessen meldeten wir ihm doch, daß wir Keinen eher weder verpflichten, noch weniger bereden könnten, bis eine oder die andere Gemeinde sich auf eine bündige Art erkläret hätte, was sie denn nun für

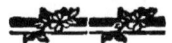

für ihren Seelſorger zu ſeinem nothdürftig-
ſten Unterhalte thun könne und wolle. Als-
denn würden wir uns die gewiſſenhafteſte
Auswahl unter den von uns genauer beob-
achteten jungen Männern, und deren Prüfung, gemeinſchaftlich angelegen ſeyn laſſen.

Faſt noch dringender, als die baldige Ue-
berſendung von mehrern Gehülfen, wünſcht
er in eben dieſem Briefe einen **unter den
Augen unſrer Univerſität** geſchrie-
benen **Katechismus für Nordcarolina.** "Noch ein Anliegen habe ich, (ſind
ſeine Worte,) das ich entdecken muß. Keine, größere Plage hat mich angefochten, als
die vielerley im Lande herumgehende Katechismen. Mein Gott weiß, wie ſehr ich
wünſche, die hieſige Jugend, beſonders die
Katechumenen, gründlich zu unterrichten.
Die Nothwendigkeit iſt offenbar, und viel
dringender als in Deutſchland. Nicht gut
unterrichtete Kinder ſind im Umgange mit
Un- und Falſchgläubigen gleich irre. In
dieſem Lande ſollte ein Katechismus ſeyn,
der die ſtrengſte Probe hält, ein rechter Leit-
ſtern für die Kinder ſey, und in aller Augen
mit Ehre ſich dürfte ſehen laſſen. **Die An-
geſehenſten unter allen Gemein-**

b   **den**

den führen dieselben Klagen; denn
der Schade liegt vor aller Augen."

"Wenn Sie nun einen recht wahren
Dienst der hiesigen armen Jugend, und der
ganzen evangelischen Kirche in den hiesigen
Gegenden, erzeigen wollen, so setzen Sie
uns einen ganz andern Katechismus zusammen; lassen denselben drucken, und senden
uns denselben zu.   Meines wenigen Erach-
tens könnte die Einrichtung so seyn."

"I. Theil: eine Einleitung in die christ-
liche Lehre, die historisch die Geschichte
des A. Testamentes, die Lebensge-
schichte Jesu Christi und die Haupt-
schicksale der christl. Kirche erzäh-
lete; ohngefähr, wie in Seilers Kate-
chismo, der 1780 in Bayreuth gedruckt,
und mir zufälliger Weise in die Hände gekommen ist."

"II. Th. die Hauptwahrheiten des Christenthums: vielleicht nach des, auch von
Ihnen geliebten Herrn Jacobi, Lehrart;
doch ohne Fragen, als welche nicht so
dienlich scheinen, und dem Spotte der Sektirer ausgesetzt sind."

"III. Th. die Sittenlehre, Buße,
Glaube, Dankbarkeit und Pflichten, auch
nach Hrn. Jacobi Methode. Die Sittenlehre

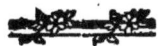

tenlehre müßte dringend, der größte
Theil, und in die Augen fallend seyn.
Dies würde unsre Sektirer überzeugen, daß
es uns um ein wahres Christenthum ernst-
lich zu thun sey. Die Gebote könnten in
der Geschichte des Alten Testamentes an
ihrem Orte erzählet und etwas erläutert
werden. Doch Sie wissen alles dieses bes-
ser, als ich es sagen mag; ich habe doch
meine Gedanken so ohngefähr eröffnen wollen: Sie mögen es übrigens machen, wie
es Ihnen am besten deucht. Da Sie als
Professor Dogmatik und Moral lesen, dabey
neben Sich Studenten im Unterrichte der
Katechumenen üben, so kommt diese recht
mit Ihrer Arbeit überein, wenn Sie auch
allenfalls einen Neuen aufzusetzen
hätten, und die Liebe, die Religion Jesu in
diese Wüste zu bringen, wird Ihnen schon
Muth machen. Auf dem Titelblatte, und
in einer kleinen Vorrede, die unter Ihrem
und der ganzen Universität Anse-
hen verfertiget wäre, könnte die Bestimmung für das südliche Amerika ausdrücklich angedeutet werden. Die willige An-
nahme desselben würde unsre Gleichförmig-
keit im Lehrbegriffe mit der ganzen evangelischen Kirche an Tag geben, und es würde

den

den Grund legen zur ganzen evangelischen
Kirche dahier. Noch andere kleine
Abhandlungen wären nöthig, wo=
von nächstens G. G. reden werde, weil ich
für jetzt zu matt bin ferner zu schreiben von
einem hitzigen Fieber, das mich seit Oster=
montag her abgemergelt hat, so daß ich
zwar durch Gottes Güte vom Fieber be=
freyet, aber noch nicht zu Kräften bin."

"Noch eines Mangels muß ich erwäh=
nen. Ich weiß, ich kann mein Vertrauen
zu Ihnen nicht leicht übertreiben. Mir
fehlen sehr folgende Bücher: Eine gute Pa=
raphrase des N. T.; eine gute recht prakti=
sche vollkommene Moral; eine gute Kir=
chenhistorie; ein deutsches Wörterbuch;
eine Erdbeschreibung, z. E. Büsching, und
ein Paar zum Unterrichte der Kin=
der, z. E. Dü Fresnoy, der mit Charten
versehen ist; ein kleiner Atlas, und etwas
von der gelehrten Geschichte, besonders
diese vierzehn Jahre. Mein Hausarzeney=
buch vom Tissot, das mir große Dienste
gethan hat, habe ich die Kriegeszeit hin=
durch verloren."

Diese treuherzige Mittheilung von den
Mängeln seiner Bibliothek brachte, verglichen
mit einer andern etwas dunklern Stelle des
Briefes,

Briefes, seinem Freunde natürlicher Weise
und sehr lebhaft den schon vor vierzehn Jah=
ren in London ausführlich zwischen ihnen
verabredeten Plan wieder ins Gedächtniß,
der ursprünglich von dem sel. Consistorial=
rathe Götten in Hannover herrührte,
auch zu seiner Zeit von diesem bereits thä=
tig unterstützt war. Es hatte sich nemlich
Nüßmann unter Göttens Leitung
zum Katecheten gebildet. Von diesem er=
hielt er auch seine ausführliche, sorgfältig
durchdachte, allen Localumständen, so weit
man davon Kundschaft hatte einziehen kön=
nen, vortrefflich angemessene, schriftliche
Pastoralinstruction mit auf den Weg. Un=
ter den Göttenschen Vorschlägen war nun
besonders mit der Plan, daß man vor allen
Dingen auf die Anlegung einer Nordca=
rolinischen Kirchenbibliothek be=
dacht seyn müßte.

In eben diesem Briefe setzten besonders
folgende Worte unsern ganzen Geist in Be=
wegung:

"An den äussersten Theilen, wo Blind=
heit, Unwissenheit, Aberglaube und schwär=
merische Begeisterung wüten, sind die Leh=
rer auf 70, 80, 100 bis 200 Meilen von
einander entfernt." Und die Beschreibung,

welche

welche er von dem Zustande der dortigen
deutschen evangelischen Kirche macht: "Sie
ist aus Mangel der Lehrer und Schulhalter
ganz verwildert, und muß, wenn nicht bald
Hülfe kommt, gänzlich ins Heidenthum ver=
fallen. Tausende von Haushaltungen, die
sehr kinderreich sind, aber aus einan=
der wohnen, vergessen das Christenthum;
ihre Kinder wissen noch weniger davon;
und Kindeskinder sind wahre Hei=
den. Es sind keine zum Unterrichte tüch=
tige Lehrer da; und die, welche da sind, reis=
sen mehr ein, als sie bauen. Ich habe so
treu gearbeitet, als ich nach meinen wenigen
Fähigkeiten konnte, und so viel mir der
HErr Kräfte gab; aber Ein Arm ist
zu kurz. Mit Betrübniß sehe ich alle
Tage, daß es bald hier, bald dort, bald aller
Orten fehlet. Meine Arbeit ist immer mehr
aufs Ganze, als auf einzelne Theile gerich=
tet gewesen; doch so, daß meine Hauptsorge
die Buffloe Creek war, die gleich An=
fangs Gottes Wort angenommen hat. Man
muß hier noch mehr einen Apostel, als einen
Gemeindelehrer vorstellen. Wenn man sich
auf Eine Gemeinde einschränken wollte, so
würde man freylich derselben viel Gutes
thun

thun können: aber der Schade des Ganzen
würde desto größer seyn."

Herrn Nüßmanns Wünsche schienen
uns so gerecht und so dringend, und die
Erfüllung derselben schien uns so nahe mit
unserm akademischen Berufe zusammenzu-
hängen, daß es nur noch darauf ankam, wie
wir das, was sich von unsrer Seite erwarten ließ, auf die beste Art zu bewerkstelligen
hätten. Denn völlig auf die von ihm uns
vorgeschlagene Art konnten wir es nicht.
Nach ernstlicher Ueberlegung wurden wir
mit einander darüber eins, daß der kürzeste
Weg sey, mehrere auf einen gemeinschaftlichen Hauptzweck gerichtete Schriften aus-
zuarbeiten; und zwar, wie verschiedene bereits bekannt gemachte Nachrichten enthalten, folgende:

I. einen Katechismus;
II. ein Fragebuch über den Kate-
chismus;
III. ein biblisches Handbuch für
Jedermann;
IV. eine Auswahl biblischer Er-
zählungen nebst einer kurzen
Religionsgeschichte;
V. die gemeinnützigsten Ver-
nunftkenntnisse;

b 4 VI.

VI. ein Handbuch bürgerlicher
Kenntnisse;

VII. ein geographisches Hand=
buch.

Allerdings aber haben wir durch die Aus=
arbeitung dieser sieben Schriften, mit wel=
chen wir dort und in unserm Vaterlande zu=
gleich nützlich zu werden wünschen, mehrere
verbundene Zwecke auf einmahl zu erreichen
gesucht. Die beiden ersten Schriften, die
nun abgedruckt sind, der Katechismus
und das Fragebuch, z. B. bleiben, aus=
ser der Absicht, wodurch sie veranlaßt wur=
den, zunächst zum Gebrauche bey dem hie=
sigen Katechetischen Institute und
dem damit verbundenen wöchentlichen Un=
terrichte der Confirmanden * be=
stimmt.

* In dieser Absicht hat der Verfasser des gegen=
  wärtigen, durch die Nüßmannische Bitte ver=
  anlaßten Katechismus, gleich einen dreyfachen
  wörtlichen Auszug, der übrigens mit unserm
  gemeinschaftlichen Unternehmen oder Fond in
  keiner Verbindung steht, abdrucken lassen:
  1) Erster Katechismus, mit einigen
  Kindergebeten; 2) Zweyter Kate=
  chismus, mit Fragen, und mit den
  fünf Hauptstücken nebst Luthers
  Erklärung; 3) Spruchregister über
  den Katechismus.

ſtimmt. Von beiden fällt jedoch der ganze,
gleichwie von unſern fünf übrigen Büchern,
der halbe Gewinn, in den Fond, womit
wir unſern Plan ausführen wollen, und
auch jetzt ſchon können, ſobald von Amerika
aus die Bedingungen zu unſrer Beruhi=
gung erfüllet ſeyn werden.

Zum Beweiſe des chriſtlichen Bruder=
ſinnes, mit welchem bisher unſer Unterneh=
men von edlen Deutſchen und ſelbſt Aus=
ländern unterſtützt worden iſt, mag nachſte=
hendes Namenverzeichniß dienen.

Beför=

Beförderer, Pränumeranten und Subscribenten.

Se. Durchl. der Herzog **Ludewig Ernst** zu Braunschw. und Lüneb.

Se. Durchl. der Herzog **Ferdinand** zu Braunschw. und Lüneb.

Se. Durchl. der Erbprinz zu Braunschw. und Lüneb. 4 Ex.

Se. Durchl. der Bischof von Lübeck, Herzog und regierender Administrator von Oldenburg. 25 Rthlr.

(N. 1. bedeutet Katechism. N. 2. Fragebuch, N. 3. Bibl. Handb. N. 4. Bibl. Erzähl. N. 5. Vernunftk. N. 6. Bürgerl. Handb. N. 7. Geogr. Handb. Wo keine Nummer bemerkt ist, sind alle sieben Schriften zu verstehen.)

Altona.

Altona.

Durch Hrn. Etatsr. v. Schirach von B. M. aus M. in Mecklenburg 10 Rthlr.

Durch ebend. (Banknote) aus Kopenhagen 10 Rthlr.

Herr Bremer.

= Leibmed. Hensler.

= Mann.

= Kaufm. Lübbes.

= Pinckvoß N. 3. 5. 6.

= Stuhlmann. D. Med.

Madame Speth.

Herr Past. Wolfrath.

Zwey Ungenannte.

Amsterdam und Saandam.

Herr Past. Mutzenbecher 10 Ex.

Anspach.

Herr Oberhofpr. Dr. Junckheim.

= Landgerichtsaffeffor Uz für das Fürstl. Gymnasium illustr. Carolo-Alexandr.

Berlin.

Die S. E. große Loge 26 Rthlr.

Herr Baron v. Lestwitz auf Groß. Tschirne in Schlesien 5 Rthlr.

Fürstenthum Blankenburg.

Der Convent zu Michaelstein 3 Ex.

Herr Pastor Stübner und Herr Cantor Kruse zu Hüttenrode.

Braun

Braunſchweig.

Herr Commiſſarius Albefeld N. 1. 2.
* Obriſtlieut. Bätge N. 1. 2.
* Geh. JuſtizR. Biel.
* Obriſt von Bodé.
* KriegsR. Clove N. 7.
* Kaufm. Egeling N. 1. 2.
* Hofr. Eſchenburg.
* Kammer = und Kloſterrath Baron v. Gebhardi
  N. 1. 2.
Madame Gravenhorſt.
Se. Ex. der Hr. Geh. Rath von Hardenberg = Re=
ventlow ſchenkt 100 Rthlr. und ſubſcrib. auf
50 Ex.
Herr Kaufm. Heltzer N. 1. 2.
* Paſt. Knittel N. 1. 4. 7.
* Kaufm. Knöſler N. 1. 2.
* * Köppe N. 1. 2.
* * C. B. Krauſe N. 1. 2.
* * D. G. Krauſe N. 1. 2.
* Reviſor Metz N. 6.
* Meyer, b. A. B.
Se. Exc. der Hr. Geh. Rath von Münchhauſen.
Herr Advoc. Niemeyer N. 1. 2.
* Geh. Cabinetsſecret. Peterſen N. 6.
* Obercommiſſ. Ribbentrop N. 7.
* Conſiſtorialrath Schmid N. 3. 5.
* Legationsrath v. Unger N. 5.
* Hauptm. v. Unger N. 5.
Ein Ungenannter.
Herr Vicecommiſſair Urſal N. 7.

Herr

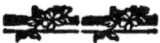

Herr Kammerſecret. Wilke N. 1. 2.

= Kammerſecret. Withauer N. 5.

= Paſt. Wittekopf in Deſtedt 2 Ex. N. 4. 5. 6.

Bremen und Herzogthum Bremen.

Herr Crome in Bremen, d. ſch. W. B. N. 4. 7.

= Curtius daſ. N. 4. 5. 7.

= Regim. Chir. Erythropel in Basbeck.

= Hennings, d. ſch. W. B. in Bremen N. 7.

= Cand. Hüpers.

= Oberamtmann Meyer zu Bremervörde 3 Ex.

= Amtſchreiber Meyer zu Achim.

= Paſt. Schnedermann zu Arbergen.

= Paſt. Sparnecht zu Geversdorf.

= Sparnecht, Küſter zu Großenwörden N. 1. 2.

= Paſt. Stahl in Basbeck N. 1. 2.

= Umland, Küſter in Basbeck N. 1. 2.

Endorf in der Grafſchaft Mansfeld.

Herr Amtmann Kern.

Fallersleben.

Herr Paſt. Alsfaſſer in Reindorf N. 1 = 5.

= = zum Bergen in Jembke N. 1. 2. 4. 5.

= Rector Bötticher N. 1. 2.

= Superintend. Harke, und N. 1. 2. Ex. 4.
N. 3. Ex. 1. N. 4. 5. Ex. 3.

= Paſt. Meves in Heiligendorf N. 1. 2. 4. 5.

= Paſt. Steinfeld zu Ochſendorf.

Frank

Frankfurt am Mayn.

Herr Senior D. Mosche.

= Kaufm. Hasenclever.

Ein Ungenannter.

Genin bey Lübeck.

B. J. Bold, aus Meenhagen N. 5.

J. P. Dierksen, Erbpächter, und H. P. Grube,
Hausmann zu Genin.

H. C. Grube, Bauervogt zu Bayendorf, N. 4. 5:

J. Isernhagen, Hausm. zu Genin, N. 4.

J. Lampe, Hausm. zu Vorrade.

Herr C. J. Löbing, Verwalter zu Mäsling

H. J. Lütge, Halbhüfner zu Oberbüssau, N. 4. 5.

Die Dorfschaft Niederbüssau.

Herr Pastor Polchow.

H. C. Prenzlin, Viertelhüfner, N. 4. 5.

H. D. M. Stender, Hausm. zu Oberbüssau. N. 4.

P. A. Teschau, Hausm. zu Oberbüssau.

Unverhauen und Stender, Müller in Genin.

Die Dorfschaft Vorrade.

Gifhorn.

Herr Past. Bonath zu Warenholz.

= = Brüggmann zu Wetmershagen.

= Superint. Eggers.

= Past. Hüser zu Hankensbüttel.

= = Knoke zu Oesingen.

= = Ludewig zu Abenbüttel.

= = Mehliß zu Essenrode.

Herr

Herr Paſt. Meybrinck zu Sprakenſehl.

⸗ ⸗ Rambohr zu Ribbesbüttel.

Glückſtadt.

Herr Paſt. Ahrens in der Wilſter N. I.

⸗ ⸗ Eckhof in Süderau.

⸗ ⸗ Hermes.

⸗ ⸗ Kirchhof.

⸗ Conſiſtorialrath Lange 17 Ex. und I Ex. N. I. 2. 7. und 2 Rthlr.

⸗ Paſt. Michaelſen in der Wilſter.

⸗ Rector Nielſen N. 3. 6.

⸗ Bürgermeiſter Plön in der Wilſter 3 Ex.

⸗ Paſtor Tode in der Wilſter N. I. 2.

Göttingen.

Herr Albers, d. G. G. B. N. I. 2. 4.

⸗ G. W. F. Benecken, d. G. G. B. N. 3. 4.

⸗ Benecken, d. G. G. B. N. 3. 4.

⸗ Blauel, d. G. G. C.

⸗ Dedekind, d. G. G. B. N. 3. 4.

⸗ Hofrath Feder.

⸗ Gauſe, d. G. G. B. N. I. 2. 4.

⸗ Hanſen, d. G. G. C.

⸗ Paſt. Kahle.

⸗ Kahle, d. G. G. B. N. 5. 7.

⸗ Lavater, D. Med.

⸗ Conſiſtorialrath Leß.

⸗ Rittmeiſter von Linſing.

⸗ Prof. Meiners.

Herr

Herr Obercommissair Meyenberg.
= Prof. Sextroh 2 Ex.
= Siegfried, d. G. G. B. N. 3. 4.
= Tatter.
= Ubbelohde, d. R. Cand.
= Umbusch, d. G. G. B. N. 3. 4.
Vier Ungenannte.
Ein Ungenannter 10 Rthlr.
Herr Generalsuperint. Wagemann.
= Pastor Wagemann.

Goslar.

Herr Bergschreiber Volkmar N. 1. Ex. 4. N. 2. Ex.
1. N. 3. Ex. 2. N. 4. Ex. 4. N. 5. Ex. 3.
N. 6. Ex. 1.

Halberstadt.

Das Hochw. Dohmcapitel durch Hrn. Canonic.
Gleim 20 Rthlr.
Herr Dohmherr von Alvensleben zu Erxleben 10
Rthlr.

Hamburg.

Herr Cand. Beuck und Hr. Joach. Joh. Heisen für
1 Ex. 3 Rthlr.
= Senior Dr. Gerling 11 Rthlr. 8 Ggr.
= Candid. Hermes.
= Pastor Hinz in Hamm N. 3 = 5.
= Cand. Lüders.
= Cand. Lüttmann N. 6. 7.
= Cand. Mertens N. 5. 6.
= Pastor Milow in Wandsbeck.

Herr

Herr Organist Ohrt in Hamm N. 4. 5.
= Pepper.
= Cand. Stelley.
= Baron von Stenglin für 2 Ex. 10 Rhlr.
= Tankmer.
= Mag. Thieß.

Hameln.

Herr Senator Benecke.
= Kaufm. Bock.
= Hauptm. Bötticher.
= Camerarius Borghard N. 4. 7.
= Superint. Brase in Münder.
= Pastor Ewers.
= Superint. Koch in Börrie.
= Syndicus Kulemann.
= Fabrikdirector Kulemann.
= Past. Löber.
= Rathschulz Lüders.
= Regimentschirurg. Matthäi N. 4 = 6.
= Bürgermstr. Schuhmacher.
= Cand. Weibezahn N. 1 = 4.
= Apoth. Westrumb.
= Hauptm. Wiedeburg N. 4. 5. 7.
= Lieutenant Wolfenhaar N. 1.

Hannover.

Herr Pastor Armbrecht zu Hänigsen N. 3 = 5.
= K. v. d. B. 5 Rthlr. 16 Ggr.
= Pastor Vosse zu Edemissen.
= = Edeler zu Wipshausen.

Herr

Herr Organiſt Grußendorf.

= Paſtor Hahn zu Peeſe N. 1 = 7.

Dem. J. 20 Rthlr.

Königl. Intelligenzcomtoir 4 Er. N. 1. Er. 3. N.
   5. Er. 1.

Herr Superint. Koch zu Sievershauſen 2 Er.

= Paſt. Laer zu Uetze und 1 Er. N. 1. 2.

= = Overbeck zu Eltze N. 1. 2. 4. 5.

= Oberpoſtcommiſſair v. Pape.

= Pfaff N. 1. (dafür 12 Ggr.) und N. 5.

= Paſt. Pfotenhauer in Hohenboſtel.

= = Pott in Landringhauſen.

= Oberförſter Rahne zu Hänigſen N. 6. 7.

= Paſtor Raven zu Meinerſen N. 3 = 5.

= = Roden zu Steterdorf N. 2. 4. 5.

= = Timäus in Barſinghauſen 2 Er.

= Kriegsſecret. Velthuſen 10 Rthlr.

= Paſtor Völzer zu Eddeſſe.

= = Wilken in Stemmen.

= Kaufm. Witte 4 Rthlr. für die Nordcarolin.
   Jugend zu 24 Katechism.

Harbke.

Hr. Berghauptm. v. Veltheim 20 Rthlr. (die Hälfte Geſchenk.)

Helmſtädt.

Herr Cantor Ahrens und 20 Er. N. 1.

= Subconr. Alberti 46 Er. N. 1.

= Obriſtl. von Barner zu Twülpſtedt.

= Oberhauptm. v. Bohlen zu Wendhauſen.

Herr

Herr Paſt. Dieckmann.

= Etzdorf, b. G. G. B.

Eine Geſellſchaft 10 Rthlr.

Herr Kaufm. Geſtrich N. 1. 2. 4. 5.

= Paſt. Gieſeke zu Bardorf.

= Prof. Günther.

= Doct. Hempel.

= Henninges, b. G. G. C.

= Paſt. Lautenbach zu Bölpke N. 1 = 5.

= Hofr. Kratzenſtein.

= Ludewig, b. G. G. B. N. 1. 6.

= Mag. Martens.

Das Pädagogium 2. Ex. u. N. 1. Ex. 12. N. 2.
Ex. 6.

Herr von Pleß, b. R. B.

= Prof. Pott.

= Schulhalter Reinhard 62. Ex. N. 1.

= Prof. Remer.

= Hofr. Rham.

Frau Hofr. Rham 2 Rthlr.

Aus der Schulkaſſe 10 Rthlr. für Exempl. N. 1. für
arme Kinder.

Herr Stephenſon, der jüng. b. G. G. B.

= Paſt. Tögel zu Twülpſtedt.

Ein Ungenannter 1 Rthlr. 13 Ggr. 4. pf. zu Ka=
techismen.

Herr Prof. Wiedeburg.

= Paſt. Zuckſchwerdt zu Flechtdorf.

Hitzacker.

Herr A. J. Blumenthal.

Herr

Herr Jacobs, der ältere.

= Jacobs, der jüng.

= Elbzoll = Gegenschreiber Kahle.

= Oberzoll = Inspect. Lüning.

= Past. Meienberg.

= Organist Müller N. 3. 6.

= Past. Zimmermann.

Grafschaft Hoya.

Herr Past. Beneke zu Martfeld N. 1 = 3.

= Cand. Dunter zu Thebinghausen N. 3. 4.

= Friese.

= Cantor Grahl zu Thebinghausen N. 1. 2.

= Past. Gudewill zu Thebinghausen.

= Hauto zu Dreye N. 1 = 3.

= Hennings das. N. 1. 4.

= Zollverwalter Henzen.

= Oberamtmann von Hugo.

= Huntemüller.

= Superint. Krome zu Lunsen.

= Leymann.

= Lüning.

= Meyer.

= Past. Mirow zu Bücken 2 Ex.

= Past. Müller N. 1. 2.

= Cand. Nölting zu Heiligenfelde N. 1 = 4.

= Oldenburg.

= H. J. Plate.

= P. J. Plate.

= Past. Ribov.

= Zollinspect. Riskenpart zu Dreye.

= Cantor Schnelle zu Heiligenfelde N. 1. 2.

Herr

Herr Schulze.

= Cantor Steinhart zu Martfeld N. 3.

= Cand. Storch.

= Hauptm. Thiele.

= Past. Volger zu Weyhe N. 1 = 3.

= Weege.

= Wöhler.

Jena.

Herr Geh. Kirchenr. Griesbach 1 Duc.

Kiel.

Herr Etatsr. und Archiater Ackermann für 2 Ex.
5 Rthlr. 16 Ggr.

= Prof. Hensler.

Se. Exc. der Hr. Geh. Rath Graf v. Holk auf Eck=
hof 5 Rthlr. wovon die Hälfte für Nordca=
rolin. Kinder zu Katechismen.

= Commerzassessor Lud. Hornemann.

= Etatsr. und Landsyndicus Jenßen.

= Prof. und Hauptpast. Meyer.

Königsberg.

Die S. E. Loge zu den drey Kronen 15 Rthlr.

Königslutter.

Herr Superint. Bode 2 Ex. N. 1. 2. 4.

= Past. Hock zu Oelber N. 1. 2. 4.

= Rector Rudolphi N. 3. 4.

= Past. Vogel zu Lauingen N. 2. 4. 5.

Kopen=

Kopenhagen.

Se. Exc. der Hr. Graf und Geh. Rath v. Bernstorf
   10 Rthlr.
Herr Dr. Münter 5 Rthlr.

Leipzig.

Herr M. Bernhardi, Diak. zu St. Thomä.
- = Crusius.
- = M. Enke, Diak. zu St. Thomä.
- = Prof. Hindenburg N. 5 = 7.
- = Dr. Kühnöl, Archidiak. zu St. Thomä und
   1 Ex. N. 6. 7.
- = Prof. Pezold. N. 1 = 4.
- = Superint. Dr. Rosenmüller.
- = Dr. Scharf, Past. zu St. Nikolai N. 1 = 4.
- = Christ. Gottl. Seidenschwanz, Handlungsde-
   putirter.
- = Christ. Gottfr. Sperbach, Kaufmann.
- = Joh. Gottfr. Sperbach, Kramermeister.
- = M. Weiß, Diak. zu St. Nikolai.
- = Dr. Wolf, Prof. und Diakon. zu St. Ni-
   kolai.

Grafschaft Lippe.

Herr Past. v. Cölln.
- = = Tasche.

London.

Herr Dr. Brande 2 Ex.
- = Geh. Justizrath von Hinüber 2 Ex.

Herr

Herr Richard Kirwan, Esq. ½ Guinee.

    = Rich. Watson, Bischof von Landaff und Key 1 Guinee.

    = Dr. und Hofpred. Woide ½ Guinee.

Lucklum.

Herr Landcommenthur von Hardenberg, und

    = Rittmeister von Hardenberg 10 Rthlr.

Lübeck.

Herr Boie, d. G. G. C. 2 Ex.

    = Bruns N. 1.

    = Senior Burghard N. 1.

    = Past. Carstens.

    = Licent. Carstens.

    = Past. Friderici.

    = Gütschow.

    = Past. Hake.

    = Hertel N. 1.

    = M. Meyer, Cand. Minist.

Das Hochw. Ministerium das. 8 Rthlr. 12 Ggr.

Herr Bürgermeister Peters 34 Rthlr.

    = Past. Petersen N. 1.

    = Senat. Plessing.

    = Superint. Schinmeier.

    = Past. Schröder.

    =   = Schwarz.

    =   = Suhl.

    = Senat. Wilken 5 Rthlr.

    = Zietz N. 1.

            Lüneburg.

Lüneburg.

Sr. Exc. Herr Landschaftsdirect. von Bülow 2 Ex.
Herr Rector Crome 3 Ex. N. 1. 2. 4. 5.
= Past. Schrodt.

Magdeburg.

Herr Dohmherr von d. Busche 10 Rthlr.
= Past. Cuno zu Dodendorf 2 Ex. und N. 1.
Ex. 2. N. 3. Ex. 1. N. 5. Ex. 3. N. 6. Ex.
1. N. 7. Ex. 1.
= Feldprediger Junker.
Die S. E. Loge Ferdinand zur Glückseligkeit 15 Rthlr.

Gräffschaft Marck.

Frau Gesandtin von der Borch zu Langendreer.
Herr von Reck auf Overdiek.
= Vineator, Cand. d. Theol.

Meldorf.

Herr Justizr. Niebuhr, und
= Consistorialr. Jochims 5 Ex.

Netzdistrict in Preussen.

Ein evangel. Prediger für Nordamerikan. Kinder zu
Katechism. 10 Rthlr.

Neuherrnhuth.

Herr Bischof Spangenberg. 5 Ex.

Nienburg.

Herr Regim. Chir. Kuterhof.

Nord=

Nordheim.

Herr Regimentschirurg. Friesland 2 Ex. N. 1.

Herzogthum Oldenburg.

Herr Past. Greverus zur Jahde.

= = Löscher zu Ganderkesee.

Oxford.

Herr Prof. Ford.

Petersdorf bey Neustadt in Holstein.

Herr Cirsovius N. 6.

= Past. Falkenhagen in Lehnsahn. N. 3. 4.

= J. Fr. Mattfeld N. 1. 2.

= J. H. Mattfeld N. 1. 2. 5.

= Cand. Ortmann zu Sestermühe N. 1. 7.

Reval.

Herr Prof. Dr. Carpov, 10 Rthlr.

Schöppenstebt.

Herr Hausverwalt. Trope 10 Rthlr. für N. 3. und 7.

Siegersleben.

Herr Oberamtm. Caspari 3 Ex. N. 1. und 1. Ex. N. 6.

Stade.

Herr Generalsuperint. Dr. Pratje und Freunde 17

Rthlr.

Rthlr. Geschenk und 2½ Rthl. für N. 1 = 7.
noch subscr. N. 1. Ex. 72. N. 2. Ex. 64.
N. 3. Ex. 72. N. 4. Ex. 94. N. 5. Ex. 94.
N. 6. Ex. 73. N. 7. Ex. 75.

Stettin.

Herr Velthusen auf Hülsenburg. 25 Rthlr.

Stralsund.

Die Bibliothek des Gymnasiums.
Herr Past. Colberg.
- = Landrath und Bürgermeister Dinnies 2 Ex.
- = Past. Fabricius.
- = Mag. und Past. Gebhardi.
- = Apothek. Helwig.
- = Cand. Knust.
- = Präpositus Pistorius auf Rügen.
- = Hofr. Pommeresche und ein Ungenannter 2 Ex.
- = Past. Schlomann.
- = Camerar. Schlomann.
- = Superint. Dr. Stannike.
- = Lehnsecret. Tetzlof (zusammen 15 Ex. dafür 50 Rthlr.)

Strasburg.

Die Uebungsgesellschaft bey dem Hrn. Prof. Blessig das. 2 Ex.

Stuttgard.

Herr M. Pfaff.

Vors-

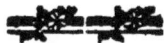

Vorsfeld.

Herr Superint. Dr. Lüberwalb.

Wahrenbrück in Sachsen.

Herr Oberpred. M. Stemler 6 Ex.

Walkenried.

Herr Inspector Hagemann 2 Ex.

Weimar.

Herr Steuerrath Lubecus.

= Landschaftssyndicus Lübeck.

= Stiftspred. Weber.

= Past. de Wette.

Wetzlar.

Herr Hütteninspect. Doepp in Aslar b. Wetzlar.

= Pastor Görtz in Hermannstein.

= Hofr. Hofmann.

= Kammergerichts = Assess. v. Riebesel.

= Regierungsrath Schulz in Königsberg bey Gießen.

= Kammergerichts=Assess. v. Ulmenstein.

Wien.

Herr Consistorialrath Cnopf.

Madame Coith N. 1. Ex. 4. N. 2. Ex. 2.

Dem. Rosette Coith N. 1. Ex. 2. N. 2. Ex. 1.

= Friderike Coith N. 1. Ex. 2. N. 2. Ex. 1.

Herr Consistorialrath J. G. Fock N. 1. Ex. 5. N. 2. Ex. 5.

Madame

Madame Jock N. 1. Ex. 2. N. 2. Ex. 1.
Herr Franzel.
  = Schmidt, pract. Lehrer an der Kayserl. Ve=
    terinairschule.
  = Thomann, und N. 1. Ex. 6. N. 2. Ex. 6.
  = Carl Thomann N. 1. Ex. 3. N. 2. Ex. 1.\
  = Thomann in Presburg N. 1. 2. Ex. 6.

Wildeshausen.

Von 2 Freunden aus d. Westphäl. 12 Rthlr. 12 Ggr.

Wolfenbüttel.

Herr Consistorialpräsid. v. Knuth N. 1=6. Ex. 1.
  N. 7. Ex. 4.
  = Commissionsr. Räber für 1 Ex. 5 Rthlr.

Wolfsburg.

Herr Graf v. der Schulenburg, der jüngste, 5 Rthlr.
  = Amtmann Kette 2½ Rthlr. für N. 4. 5. 7.

Zelle.

Herr Consistorialr. Jacobi und Freunde 17 Rthlr.
  12 Ggr.

Zürch.

Herr Prediger Lavater.

✳ ✳ ✳

An geschenkten Büchern sind — — schon abgesandt (10. Apr. 87.) an Hrn. Past. Nüß= mann, durch Vermittelung Hrn. Past. Nicolai in Bremen, Seilers Größeres bibl. Erbauungsb. A. T. Th. I. u. N. T. Th. I. u. 2. (geschenkt von dem Verf.) — (20. Jun. 87.) durch Hrn. Wil= merding, Kaufm. in New = York, addressirt an Hrn. Doct. Prof. u. Pred. Kunze ebendas. 3 Ex. des Anspachischen Gesangbuches, (für Nord= carolinische Kirchenbibliotheken bestimmt, gesch. von Hrn. Oberhofpred. Junckheim, Hrn. Landgerichtsaffess. Uz, und dem Verleger.) — — und liegen bey uns vorräthig — (geschenkt v. Verf.) Seilers größ. bibl. Erbauungsb. noch 3, in allem 4 Ex. mit Versprechen der Fortsetz. Ebendeff. N. T. übers. m. Anm. H. Schrift, A. T. im Ausz. N. T. n. Luth. m. Anm. 4 Ex. Klein. bibl. Erbauungsb. 4 Ex. Kl. hist. Katechism. 3 Ex. Religion der Unmünd. 4 Ex. die Psalm. a. d. Hebr. Jesaias, a. d. Hebr. Grundsätz. z. Bild. künft. Volks= u. Jugendlehrer; Verf. einer Liturgie; Sonn = und Festtagsgebete. — — (von dem Verleger, Hrn. Bohn in Hamburg, theils zu Kirchen = theils zu Schulbibliotheken,) Pyle's Paraphrase der Apostelg. u. d. apostol. Br. 2 Ex. Fedderfens Sittenb. 25 Ex. Büschings Vorbereitung, 2 Ex. Trapps Unterred. m. d. Jugend, 2 Ex. Water= meiers astronom. Handb. 2 Ex. Mosheims heil. Reden. — — (gesch. v. Hrn. Prof. M. in Götting.) Blumenbachs Handb. d. Naturgesch. m. Kupf. Erxlebens Anfangsgr. d. Naturg. v.

Gme=

Gmelin, m. K. — (v. Hrn. L. in Helmst.) Es=
marchs Anfangsgr. b. Naturgesch. — (v. Verf.)
Tittmanns christl. Moral, 2 Ex. — (v. Verf.)
Dr. Reinhards Predigten, Verf. üb. den Plan
Jesu, 2 Ex. — (v. Hrn. Rect. Rudolphi in Kö=
nigslutter) Spaldings Nußbark. b. Predigtamts,
Vernets Betracht. üb. b. Sitt. b. Rel. u. b. öf=
fentl. Gottesd. Rautenbergs Predigten, 2 Th.
Sturms Pred. üb. e. Familiengeschichte, B. 1. —
(v. Herausg.) Wiedeburgs humanist. Magaz.
87. Neuj. Ost. Joh. Mich. — (v. Verf.) Lentz
Grundleg. b. Christenth. Kurze Gesch. b. geoff. Rel.
— (v. e. Ungen.) Schauplatz der Natur, m. K. 8
Bände. Millers histor. moral. Schilderungen, 4
Theile. Stapfers Sittenlehre, 6 Theile. Bud=
dei Moraltheologie. Cramers Br. a. b. Hebräer.
Spörls Pastoraltheol. Reimarus natürl. Rel.
Seckendorf. de Lutheranismo. Rodens Kinder=
schauspiele. Hermes Handb. b. Rel. Walchs
dogm. Gottesgelahrh. Gisekens Pred. Th. 1.
Mielcks Pred. 2 Theile. Langemaks Betrach=
tungen üb. b. Psalme. Dess. Pred. v. Kühl. Dess.
Pred. v. 69. Wolfraths Wahrheiten b. Glaub.
Gesangb. b. Augsb. Confessionsv. im Oesterr. *Ben-
gel.* Gnomon N. T. *Balduin.* in Epp. Pauli.
Rollin Histoire Ancienne. 5 voll. — — Auch ist
uns von noch mehreren Büchern die Einsendung der=
selben an Hrn. Senior D. Gerling in Ham=
burg versprochen, wovon die Anzeige in der Fort=
setzung unsrer Nachrichten zu erwarten ist.

So

So sehr uns jetzt Bücher, um die wir nicht ausdrücklich bitten, zur Last fallen müssen, so sehr wünschten wir doch, um **Liebe zur Naturgeschichte** unter den dortigen deutschen Predigern zu befördern, auch **einige größere Werke aus diesem Fache** zu erhalten; und bitten solche vermögende Menschenfreunde, denen unsre Absicht einleuchtet, uns hierunter desto williger zu Hülfe zu kommen, weil die Fürsorge, diese Art Bücher in dortige deutsche Kirchenbibliotheken zu bringen, das einzige Mittel ist, wiederum von da her Naturseltenheiten in die Kabinetter Deutschlands zurückzuleiten.

* * *

Der besondern Gefälligkeiten theilnehmender Menschenfreunde, Gelehrten, Postbeamten und Buchhändler, wodurch uns die mit Mühe und Kosten verknüpften Nebenbesorgungen unsers Geschäftes mannigfaltig erleichtert wurden, sind zu viele, als daß wir derselben hier einzeln erwähnen könnten. Aber die stille Erkenntlichkeit im Herzen ist auch Dank.

Unsre baare Einnahme ist bis jetzt 865 Rthl. 10 Ggr. gewesen. Darunter waren an

an Geschenken ohngefähr 339 Rthl. 15 ggr., welche von der Bücherrechnung ganz abgesondert bleiben, und bloß zu der Ueber= sendung der Prediger verwandt werden sol= len. Auch sind darunter 22 Rthl. 12 ggr., welche aus dem Verkauf einiger Bücher zum Besten des Fonds gelöset sind.

Auf die fünf noch fehlenden Bücher, die wir zur nächsten Ostermesse zu liefern ge= denken, kann noch bis dahin auf jedes ein= zeln mit 12 Ggr. pränumeriret werden. Helmstädt den 12ten Sept. 1787.

J. C. Velthusen. H. P. C. Henke. L. Crell. G. S. Klügel. P. J. Bruns.